JN079316

新しい古代史へ 3

平川 南
HIRAKAWA Minami

交通・情報となりわい

——甲斐がつないだ道と馬

吉川弘文館

はじめに

本書は、山梨県の山梨日日新聞社『山梨日日新聞』の文化欄に「古代史の窓」と題して、二〇〇九年七月から二〇一八年三月まで九年間、一八七回にわたり連載したものを、今回、若干加筆しテーマ別に編集したものです。

二〇一八年三月三十一日最終回の末尾に次のように執筆の動機と目的を記しました。

山梨県立博物館の館長職は国立歴史民俗博物館長、人間文化研究機構理事との兼務で非常勤でしたので、県民の皆様に館長としての地域への想いを十分にご理解いただきたい、また、研究者として山梨の豊かな歴史文化を掘り起こし、お伝えしたいという想いから執筆してまいりました。

元来、山梨県では武田氏関係の中世史研究が盛んであり市民の方々の関心も高い中、甲斐国・山梨県の原像ともいうべき〝古代史の窓〟を開き、眺めると、甲斐・山梨が、さまざまな困難な状況を乗り越え、発展してきたことが明らかとなってくるのではないか。

本欄のもう一つの動機は、新しい地域史の叙述の試みを山梨県で実践し、これをケーススタディ（事例研究）として、日本列島における各地域から日本の歴史像を見直し、新しい歴史・文化像を構築できないか、との考えからでした。

また、最近想うことは、列島各地で編纂されている自治体史が、それぞれの地域社会や市民に生かされているだろうかということです。

阪神淡路大震災・東日本大震災・熊本地震など列島各地で災害が頻発しましたが、被災地の復興に自治体史、地域の歴史・文化研究がどれほどの意義を有したか、改めて問わなければなりません。自治体史が地域社会に生かされ、地域の人びとから新たな自治体史の刊行の要請が湧き上がるような動きを、私たち研究者が引き出せるか、その姿勢が問われています。

本書の甲斐国に関わるいくつかの事項については、筆者も分担執筆した『山梨県史』の『通史編1　原始・古代』（二〇〇四年）の記述に新たな見解と図版も加えて、できるだけ幅広い市民に理解していただけるよう努めました。

今、激動の現代社会において、列島のそれぞれの地域史から国家史・世界史を読み解く意義も大きいと言えるのではないでしょうか。

目次

目次

第二部 馬と渡来人

第三部 古代のなりわいと自然

終　章

第一部

古代の交通・情報伝達

「風土記」の原風景
自然環境と人びとの調和

古代の地域社会と「風土記」

「風土記」とは奈良時代初めの七一三年に元明天皇の詔により、地方別にそれぞれの地域の風土・産物・文化その他の情勢を記し、全国各地から中央へ撰進されたものである。具体的な内容は、各国の郡郷名に二文字の好字をつけること、国内の産物や土地の肥沃状態、地名の由来、古老の伝える昔話などの報告であった。

郡郷名に好字をつけることの例をあげてみると、甲斐国山梨郡可美（加美）里（のち郷）は現在の山梨市北部（旧八幡村・日下部町付近）に該当し、「上の里」と称したのであろう。「かみの里」名は、正倉院宝物の絁袋（太糸で織った粗製の絹布の袋）に記された「甲斐国山梨郡可美里日下マ□□絁一匹和銅七年十月」という墨書銘を初見とする。和銅七年は七一四年。「上」里は好字では「可美」または「加美」と表記された。

また、国内の産物などの記載例は、『常陸国風土記』香島郡には、次のように記されている。

其の社の南に郡家あり。北に沼尾池あり。古老曰へらく、「神世に天より流れ来し水沼なり」といへり。生ふる蓮根は味気太だ異にして、甘きこと他し所に絶れたり。

現在でも茨城県は蓮根の全国有数の名産地である。また、

行方郡当麻郷

其の周の山野は、櫟・柞（コナラ・オオナラなどの総称）・栗・柴、往々に林を成し、猪・猴・狼、多に住めり。

と、山野の動植物の生態を記している。

古代の「風土記」が現在までまとまったかたちで残っているのは、常陸（茨城県）・出雲（島根県）・播磨（兵庫県）・肥前（佐賀・長崎県）・豊後（大分県）の五ヵ国の「風土記」で、このほか二十数ヵ国の「風土記」の逸文が諸書に引用されている。「風土記」には、『古事記』『日本書紀』とは異なる地方独自の神話・伝説なども記載され、各地域の自然とともに生きる人びとの姿が描かれているので古代の地域社会を知る貴重な史料である。

『出雲国風土記』の世界

五ヵ国の「風土記」のうち、完本に近いものは『出雲国風土記』のみである。現在、島根県松江市の中海と宍道湖の間には大橋川が流れていて、この二つの湖をつないでいるが、「風土記」の時代（八世紀）には一つの水域で、今の大橋川にあたる狭まった所に渡舟場「朝酌の促戸の渡」が設けられ、そこを出雲

島根県松江市の朝酌渡周辺の景観

国府から隠岐への玄関口である千酌駅家へ至る官道が通っていたとされている。

二〇〇三年十一月下旬、私ははじめて『出雲国風土記』に記されている「朝酌渡」の地を訪れた。晩秋の静かな水面に浮かぶカモの群れと、穂を出して色付いた岸辺の葦原が小雨にけむる幻想的な風景に、思わず息をのんだことを鮮明に覚えている。これこそ『出雲国風土記』の原風景ではないか。

島根県の街づくり・村づくりの原点は、朝酌の渡付近の風景に代表されるような『出雲国風土記』の世

古代の出雲国入海と朝酌渡

界や、県内各地に残る神事などが醸し出す古代の原風景であろう。豊かで多様な自然と歴史に根ざした街や村づくりが、地域に活性を生みだす大きな要因となっている。

「風土記」の著名な研究者・関和彦氏は著書『出雲国風土記とその世界』（一九九六年、日本放送出版協会）の最後を次のように結んでいる。

『出雲国風土記』は単なる古代の地誌ではありません。古代出雲の人々と自然の調和が織りなした書といえましょう。今、周囲から自然が消え去るなかで、自然の産物である人間は生きようとしています。人間は絶滅危機の動・植物は保護しようとします。その一方で利益追求のため躊躇もなく自然破壊を行っています。そのようなことが許されるはずはありません。

『出雲国風土記』を思い浮かべ、出雲を歩きますと、自然が呼吸をしているのを感じます。その自然の息吹は出雲（島根県）の人々が、「人々と自然の調和」を生活基調に、時を積み重ねてきた大いなる財産と考えます。その潜在的な精神的拠り所が『出雲国風土記』

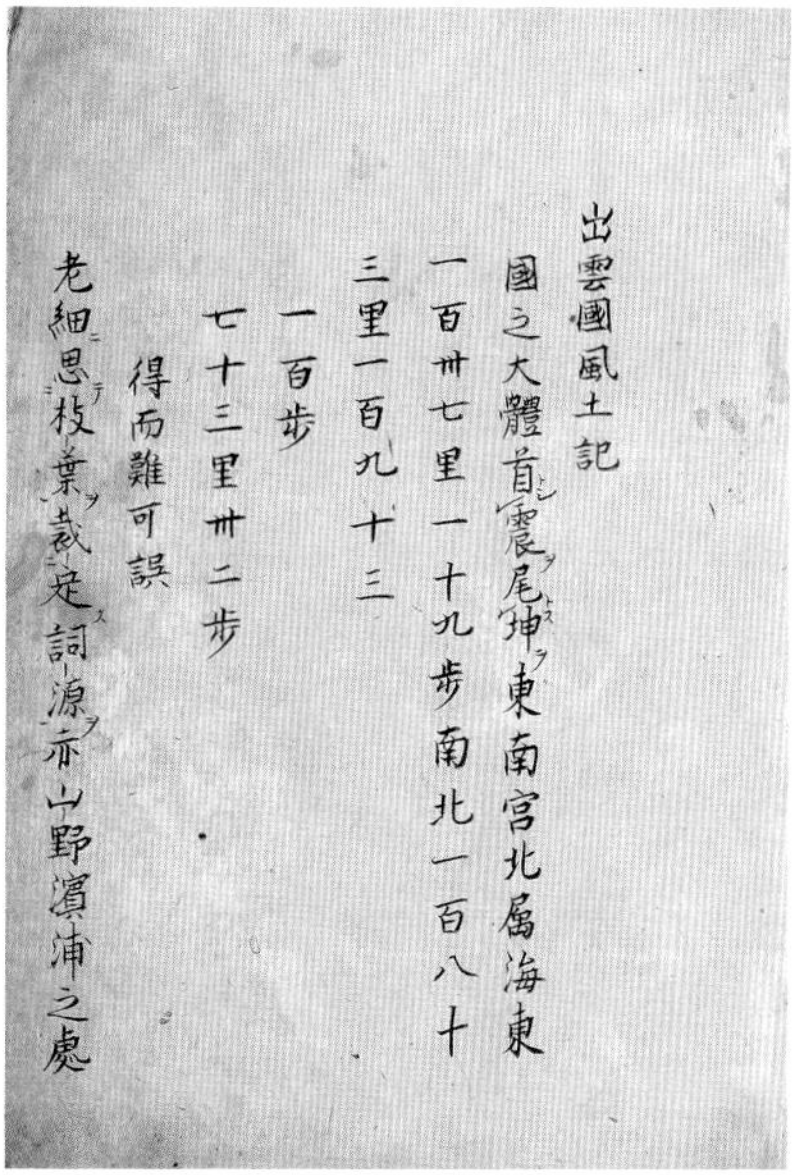
出雲國風土記
國之大體首震尾坤東南宮北属海東
一百卅七里一十九歩南北一百八十
三里一百九十三
一百歩
七十三里卅二歩
得而難可誤
老細思枝葉裁定詞源亦山野濱浦之處

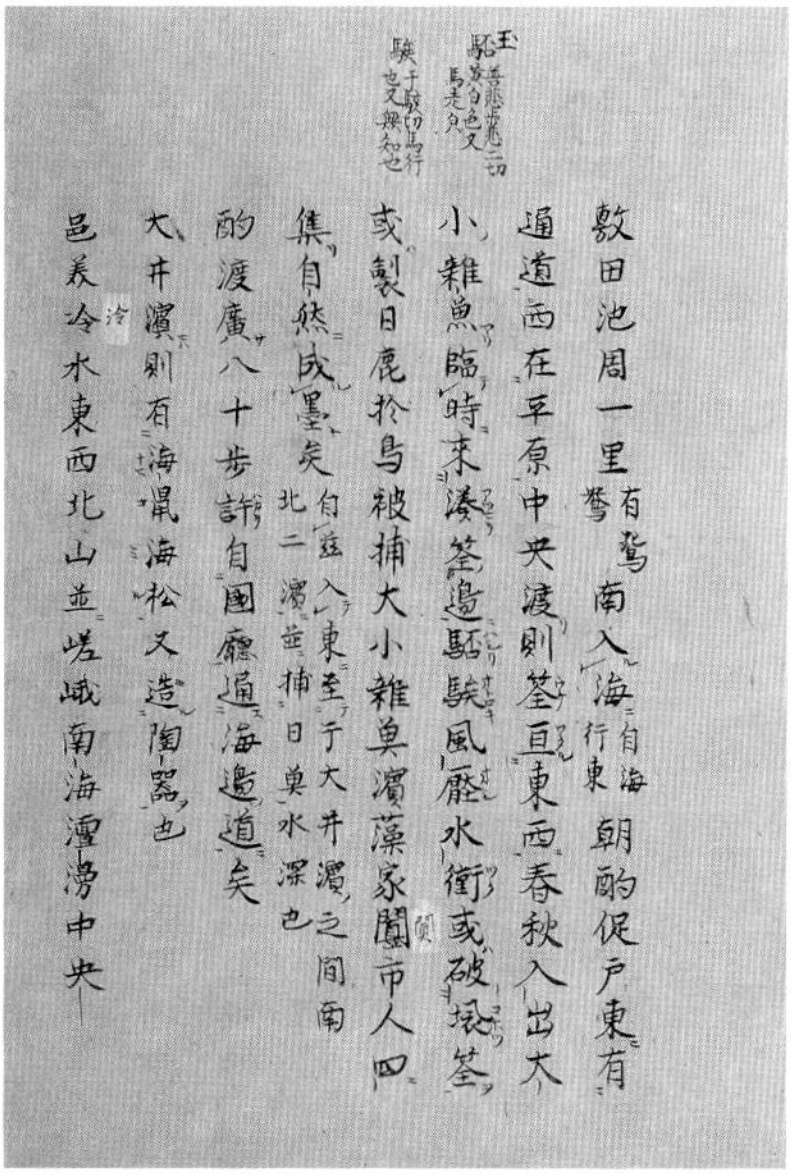
敷田池周一里有鴛　南入海自海行東　朝酌促戸東有
通道西在平原中央渡則筌亘東西春秋入出大
小雑魚臨時來湊筌邉駈駭風壓水衝或破壊筌
或製日鹿於鳥被捕大小雑魚濱藻家闐市人四
集自然成墨矣自茲入東至于大井濱之間南北二濱並捕日魚水深也
酌渡廣八十歩許自國廳通海邉道矣
大井濱則有海鼠海松又造陶器也
邑美冷水東西北山並嵯峨南海澶漫中央

『出雲国風土記』（島根県古代文化センター蔵）　右・総記冒頭部分、左・朝酌促戸条ではないでしょうか。

わずかに残る『甲斐国風土記』

ところで、『甲斐国風土記』は現存しないが、二十数ヵ国の風土記の逸文が諸書に引用されているなかに、『甲斐国風土記』のわずかな逸文が伝えられている。

平安時代の和歌に関することを記述した書籍（歌学書）の一つ『和歌童蒙抄』（一一四五〜五四年頃の成立）に、次のように記されている。

かひ（甲斐）の国のつる（鶴）の郡に菊おひたる山あり。その山の谷より流るる水、菊を洗ふ。これによりて、その水を飲む人は、命ながくして、つる（鶴）のごとし。仍て郡の名とせり。彼国風土記にみえたり。

鎌倉時代後期（一三一〇年頃の成立）の和歌集『夫木和歌抄』には同じ風土記逸文部分を漢文で次のように記す。

家集、中宮御歌合、翫菊といふことを　　権大納言長家卿

雲のうへにきくほりうゑてかひのくにつるのこほりをうつしてぞみる

此歌注云、風土記に甲斐国鶴郡有二菊花山一。

流水洗レ菊。飲二其水一人、寿如レ鶴云云。

菊花山

「彼国風土記にみえたり」として甲斐国鶴郡すなわち都留郡の菊花山について説明する。菊花山から流れる水は、菊を洗って流れるために、それを飲む人は鶴のごとく長寿を得るという。この「菊水」の故事は、中国の後漢時代（紀元後二五～二二〇年）の事物の考証を記した『風俗通』という書物に次のように説明されている。山中の大菊の露を受けた霊水、南陽の甘谷の川水を飲んだ谷中三十余家の人びとが長寿を保ったという。『山梨県史　資料編三』では「寿水・神仙霊鳥など中国思想による解釈で、文人趣味の地名説明であることから、逸文の年代が奈良時代まで遡り得るかは不明である」と注記している。

いずれにしても、『甲斐国風土記』のほんのわずかな逸文であり、かつ奈良時代当初の「風土記」という確証はないが、少なくとも平安時代には「風土記」に都留郡の地名由来が中国の故事「菊水」にもとづいて説明され、鶴のごとく長寿を得ると記録されていたことは確かである。

富士山の自然環境と文化的価値

二〇一一年三月十一日の東日本大震災はわれわれに社会構造そのものについて厳しい選択を迫っている。あらためて豊かさの根源を問い、自然にどのように向き合うべきかを考えなければならないだろう。島根県の人びとが、街づくり・村づくりの原点を『出雲国風土記』に描かれた古代の原風景に求めたように。

そこで、世界文化遺産に登録された山梨の古代からの原風景の象徴でもある富士山の環境保全について、あらためて述べておきたい。

富士山ほど人との関わりが深い山は、世界に類を見ない。長い歴史の中で、富士山をめぐる文化が育まれ、それが未来に遺すべき遺産だと認められたのである。富士山の文化的価値は大きく分けるとふたつ。ひとつは「信仰」。富士山は霊山として崇められ、敬われ、独特な信仰を生んできた長い歴史がある。それを物語る霊場、信仰の場が構成資産になったのである。もうひとつが「芸術の源泉」。富士山ほど芸術作品の題材となった山もない。多くの芸術作品が創作された地も構成資産に入った。三保の松原もそのひとつである。

世界遺産に登録されたからには、今度は富士山の価値を未来へ伝えていかなくてはいけない。信仰の対象になったのも、また芸術の源泉になったのも、いちばん大きな要因は、富士山が美しいということである。富士山と周辺の美しい環境を守る。環境保全という思想を富士山から発信し、世界、そして未来に伝えていくことが、現代に生きている私たちの使命である。

富士山の豊かな自然環境を知る手掛かりのひとつが水である。富士山は圧倒的な量の伏流水を抱いている。山麓の随所で湧水が吹き出し、また湖がある。これらは聖地でもあり、麓の人びとの暮らしを支えてきた。そんな水場も、もちろん構成資産である。日本一の山の世界文化遺産登録は、歴史と文化とともに、環境保全という思想を未来に伝えるための出来事と理解するべきであろう。

「人と自然の向き合い方を富士山は教えてくれる」

暦のしくみと日常生活

干支と吉凶

古代の暦と国家

古代国家の確立過程において重要な事業は、国家の歴史を記録する、すなわち歴史書を編さんすることである。そのために必要な条件は、①文字の使用、②暦の採用、③時計の導入、④干支と年号の使用である。そのなかで暦は、欽明天皇十四年（五五三）に日本（倭国）から朝鮮半島の百済国に、医博士・易博士とともに暦博士の指導を要請したことにより、それに応えて翌年に百済国から暦博士が派遣されてきたと『日本書紀』に記されている。

現存する日本最古の暦は奈良県明日香村石神遺跡から出土した持統三年（六八九）の板に書かれた暦である。現状は円形に加工され、穴まで開けられているが、もともとは長方形の板であった。横一〇センチで一週間分が記載されていて、表が三月、裏が四月と、両面使用である。一ヵ月分では約四五センチとなる。

古代暦（689年暦）の木簡（石神遺跡出土、奈良文化財研究所蔵）
右は3月、左は4月

この使用方法からすれば、一年分の暦は、幅四五センチの長方形の板に表・裏二ヵ月分を記し、六枚で一年分の暦が仕上がる。今、私たちが使っている紙のカレンダーのなかにも、二ヵ月単位で六枚仕立てのものがある。

八世紀ごろになると、天皇による「時の支配」という理念のもとに、暦は中央の陰陽寮（おんみょうりょう）（暦のほか、天文・気象・時刻・卜占（ぼくせん）などをつかさどった役所）で作成された。一年分の暦が紙に書かれ巻物の形に仕立てられて、まず毎年前年の十一月一日に天皇に献上された。天皇に進める暦は上・下二巻、各役所への暦は一巻となっていた。

暦のしくみ

そののち暦を中央の役所と諸国へ配布することは、「天皇が暦を頒（わか）つこと」すなわち「頒暦（はんれき）」とよばれた。しかし実際は諸国から役人が都に上り書写して国府に持ち帰っていた。さらに国府の暦が郡に配布される際も、郡家から国府に出かけて行き、書き写したようである。このほか、国分寺・駅家（うまや）などの公的施設でも十二月末までに必死に書写し、新たな年に備えたであろう。

私たちが現在使用しているグレゴリオ暦は太陽の運行をもとにした太陽

三月大
一日癸丑開　九坎天倉
二日甲寅閉　帰忌
……
七日己未定　血忌
八日庚申執　□□□□
九日辛酉破　上玄罔虚厭□
十日壬戌破　三月節急盈九坎
十一日癸亥危　重馬牛出椋□
十二日甲子成　絶紀帰忌□□天倉
十三日乙丑収　天間日□□
十四日丙寅開　血忌□□厭対
……
廿八日庚辰建
廿九日辛巳除　重
卅日壬午満　往亡

石神遺跡出土暦の復元（網かけは文字の残っていた部分）

暦である。一方、古代の暦は月（太陰）の満ち欠けによる太陰太陽暦（陰陽暦）といわれるものである。新月（朔）から満月（望）を経て新月にいたるまでの一サイクル（一朔望月）は約二九日半、ほぼ一月交代で二九日と三〇日の月があることになる。一二朔望月は約三五四日になるが、これは一太陽年に対して一一日短い。この一一日のくい違いを修正するために二年ないし三年に一度、二九日か三〇日の閏月（その年は一三ヵ月となる）を置く必要がある。

持統三年の暦木簡をはじめ、古代日本で作られた暦は「具注暦」とよばれ、その日の日付、干支、二十四節気、七十二候、吉兆や禍福を記した暦注を上・中・下の三段に分けて記した暦である。

暦の吉凶に合わせて行事を決める

このような暦はそれぞれの役所に備えつけられ、そこでの諸行事はこの暦の吉凶などに照らし合わせながら日取りなどを決めた。本シリーズ第一巻『地域に生きる人びと』の「国司の赴任」では、都の貴族が因幡国の守に任命され京都を出立する時、陰陽家の作った暦に記された日々の吉凶・方位にもとづいて行動し、旅立つ人の自宅は方位が悪いので友人の家から出立した、と日記に記している。

一九八一年に発見された岩手県胆沢城跡出土の漆紙文書の具注暦は、表は延暦二十二年（八〇三）四月上旬、裏は翌年九月下旬の暦であった。暦には「七日丁亥　沐浴」「八日戊子　上弦後沐浴」「九日己丑除手甲」とある。「沐浴」とは髪・体を洗うこと、「上弦」は新月から満月に至る間の半月で、陰暦の毎月七、八日ごろに当たる。「除手甲」は手の爪を切ることである。一〇世紀に九条右大臣藤原師輔が日常生活の心得・作法などを子孫のために記した「九条殿遺誡」には暦の利用の仕方も書かれている。例えば、丑の日には手の爪を切るのがよく、沐浴は五日に一度、毎月一日にすると短命に、八日に行えば長命になるという。胆沢城跡具注暦にも、八日上弦の後に沐浴、九日丑の日には手の甲を除くとあり、「九条殿遺誡」に全て一致するのである。当時の地方社会において、頒布された具注暦をもとに、役所の公務や暮らしの中で、より簡便な形で暦の利用方法をさまざま考案したのであろう。

　新潟県旧笹神村発久遺跡からは、延暦十四年（七九五）の朔日（ついたち）の干支のみが書かれた木簡が出土している。月初めの干支を知ることにより、毎日の干支がわかる。江戸時代には、月のはじめの干支のみを書いた暦（月頭暦）も登場する。

　また、秋田市秋田城跡では、七面体（本来は六面体）の棒状木簡に「甲子」から「癸亥」まで六十干支が書かれ、干支の下には爪楊枝状の細い棒を差し込む穴が開けられていた。その日の下に棒を差し込むと毎日の干支を

上段 日	上段 干支	上段 納音	上段 十二直	中段 節気、上・下弦、望など	下段 禁忌・吉凶
一日	辛巳	金	除		
二日	壬午	木	満		
三日	癸未	木	平		
四日	甲申	水	定		
五日	乙酉	水	執		
六日	丙戌	土	破	侯旅内	小歳後
七日	丁亥	土	危	沐浴	大歳對小歳後徳合重
八日	戊子	火	成	上弦後 沐浴	大歳對帰忌復
九日	己丑	火	収	除手甲	大歳對復嫁娶
十日	庚寅	木	収	立夏四月節 螻蟈鳴	大歳□
十一日	辛卯	木	開		
十二日	壬辰	水	閉		
十三日	癸巳	水	建		
十四日	甲午	金	除		
十五日	乙未	金	満		
十六日	丙申	火	平		
十七日	丁酉	火	定		
十八日	戊戌	木	執		
十九日	己亥	木	破		
廿日	庚子	土	危		
廿一日	辛丑	土	成		

延暦22年4月の具注暦残存状況（胆沢城跡出土漆紙文書）
「立夏四月節」は二十四節気の一つ。九日は「嫁娶」（嫁を娶る）によい日。

知ることができたであろう。

甲斐国内も、国府・郡家をはじめ、あらゆる公的機関や有力者などの行事、日常生活は、暦をもとに展開された社会であり、その暦の痕跡を直接・間接にものがたる資料の発見を期待したい。

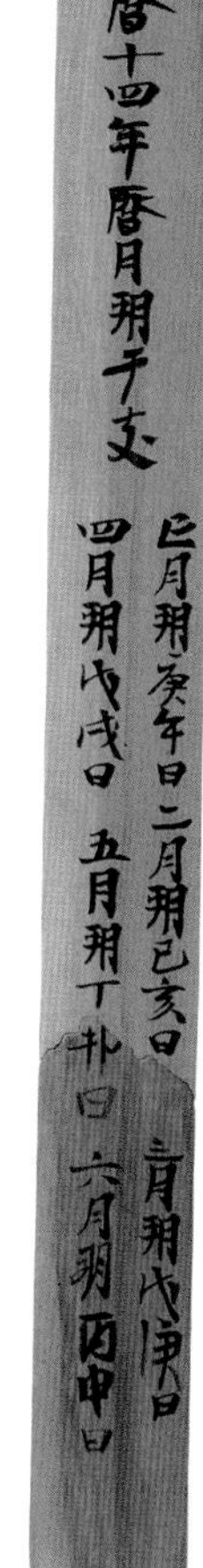

月朔干支木簡（発久遺跡出土、復元複製、国立歴史民俗博物館蔵。原資料、阿賀野市教育委員会蔵）原資料は下端部のみだが、筆者は干支や文字の配列などから延暦一四年の各月の朔や干支を記した木簡と推定し、復元した。

「十干十二支」木簡の一面（秋田城跡出土、復元複製、国立歴史民俗博物館蔵。原資料、秋田市立秋田城跡歴史資料館蔵）

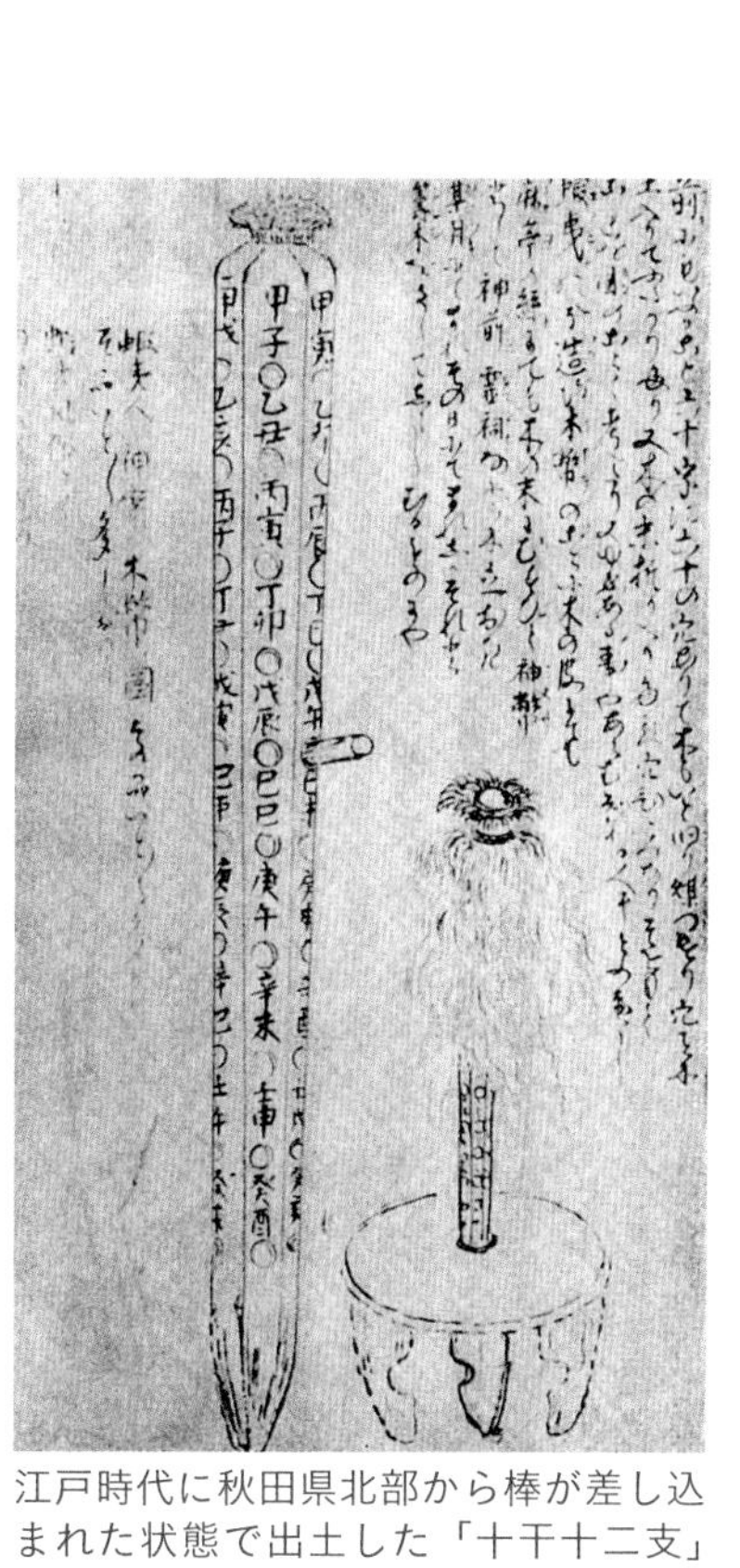

江戸時代に秋田県北部から棒が差し込まれた状態で出土した「十干十二支」木簡（菅江真澄『干支六十字六方柱ノ考』より）

時を計り、記す
水時計と合図の鐘

古代の水時計・漏刻

古代日本において、暦が毎年作られるようになると、つぎに一日のうちの時刻を定めることが必要になった。機械時計が発明される以前は、一日の時間を計測するのは日時計と水時計であった。日時計は装置が簡単で持ち運びにも便利であるが、昼間と天気のよい日のみにしか使えないという欠点がある。そこで天候に左右されない「時を計る装置」として、水時計が用いられた。

現在、六月十日は「時の記念日」とされている。大正九年（一九二〇）に、六月十日が記念日として選ばれたのは、天智天皇十年（六七一）の漏刻（剋）の使用開始の日（当時、太陰太陽暦）を現在の太陽暦に換算したことによる。漏刻（剋）とは、水が漏れる速度を一定にすることによって水がたまる時間を基準にして時刻を計るのである。『日本書紀』の同年四月二十五日の記事には、「漏剋を新しい台に設置し、時刻を知らせることを始めた。鐘や鼓を打って時間を知らせるために、はじめて漏剋を用いた。この漏剋は、天皇が皇太子（中大兄皇子）であった時にはじめて自ら造った」とある。天智天皇十年の記事に見える漏刻が「新しい台」に設置されたのは、この時に都が置かれた近江国大津宮（滋賀県大津市）である。漏刻装置は、これをさかのぼる『日本書紀』斉明天皇六年（六六〇）五月の記事に、「皇太子（中大兄皇子）がはじめて漏剋をつくった」とあり、このときの都は飛鳥の地（奈良県明日香村）にあった。

漏刻施設の発見

日本最古の暦木簡が発見された明日香村石神遺跡の南西にある水落遺跡が奈良国立文化財研究所によって一九七二年、一九八一年と二回にわたって発掘調査された結果、中大兄皇子がつくった漏刻（水時計）の施設であったことがわかった。この遺跡の地の小字である「水落」は古く漏刻のあったことに由来する地名であろう。第二次調査によって、銅管・木樋・黒漆塗り木箱などが発見された。

漏刻は、上部の給水槽から最下段の受水槽に水を流し、受水槽の水面に浮かべた箭に刻んだ目盛りの上昇度合いから時をはかる仕掛けである。干支と数字とで現在の二時間を四つに分ける目盛りが刻まれていたであろう。受水槽に流れ込む水量を一定にするため、給水槽の数を増やすことで改良が重ねられてきた。水落遺跡の漏刻は、中国唐代の七世紀前半に呂才という人物が考案した四段式の漏刻と考えられ、中国故宮に伝えられている清代（一六一六〜一九一二年）の漏刻を参考に復原された。水落遺跡の黒漆塗り木箱は水を受ける容器とみられ、銅管は装置へ導入するためのものであり、呂才の漏刻とほぼ同じ構造であったとされている。

この遺跡は水時計の施設だけではなく、二階建（高さ約九メートル）の頑丈な建物の遺構も確認された。二階には鐘や鼓で時を知らせる施設が併置されていたであろう。飛鳥一帯に鐘と鼓の音が響いたにちがいない。

八世紀の平城京内でうたわれた歌が『万葉集』に収載されている。

皆人を　寝よとの鐘は　打つなれど　君をし思へば　寝ねかてぬかも　〔巻四―六〇七番〕

（皆の者　寝よとの合図の鐘は　鳴っていますが　あなたのことを思うと　眠れませんわ）

「寝よとの鐘」は晨朝・日中・日没・初夜・中夜・後夜の六回に陰陽寮で鳴らす鐘のうち、初夜にあたり、だいたい午後七時から八時頃に打つ鐘である。

水落遺跡の貼石で外装された漏刻台跡
（奈良文化財研究所提供）

水落遺跡整備地に置いた漏刻の復元模型
（奈良文化財研究所提供）

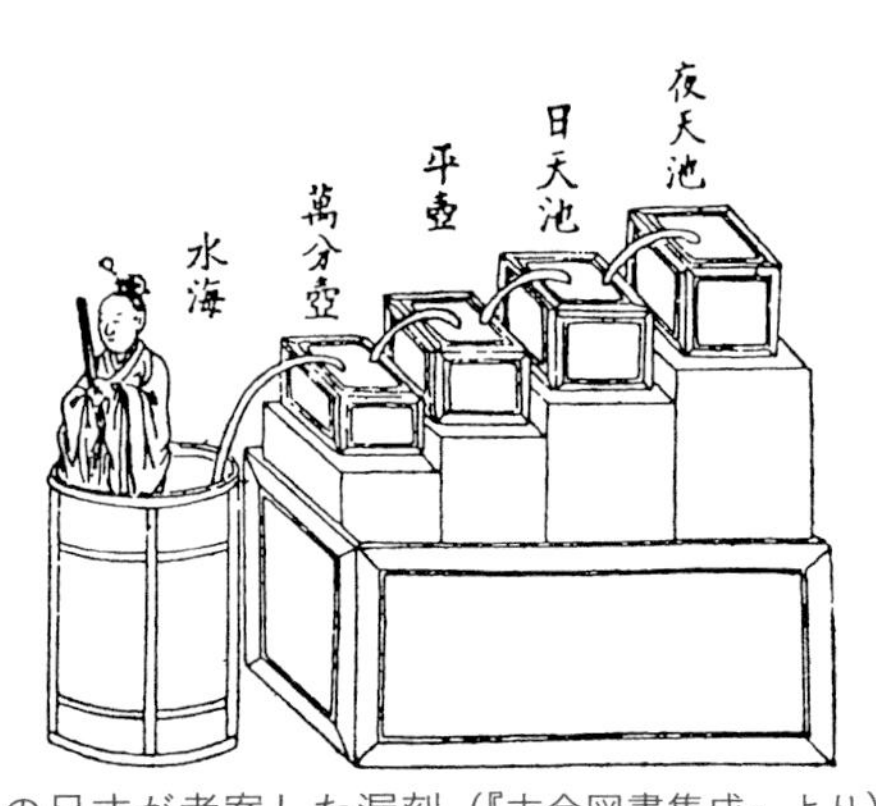

唐の呂才が考案した漏刻（『古今図書集成』より）

都では、日の出のおよそ二〇分前、太鼓が鳴り響き、「第一開門」を知らせる。『延喜式』によると、立春ごろには、日の出の時刻は卯時（午前六時ごろ）とされる。鼓の音は、はじめ小さく、徐々に大きくなる。一二回で一セット、これが二回繰り返される。その太鼓の音とともに、平城宮とその外をつなぐ朱雀門や壬生門などの門が、いっせいに開かれた。さらに平城京の正門である羅城門なども開かれた。

時刻を記す

古代の役所では、都だけでなく地方においても文書を作成する際に、時刻を記すこともおこなわれるようになる。古代の出羽地方を治めた中心施設である秋田城跡（秋田県秋田市）から、一九九〇年、下級役人が出張先から差し出した手紙が漆紙文書としてほぼ完全なかたちで発見された。読み下し文を掲げる。

謹みて啓す

勘収　釜壹口　南大室に在り

右の外、若し忘怠未収の者有らば、乞う、

早く勘収せしむ可く、恩得に

随いて、国□に便付す。

□縁謹みて啓す。

五月六日卯の時蚶形駅家自り申上す。

竹田継□

「卯時」と記された木簡（市辺遺跡出土、兵庫県立考古博物館蔵、左は実測図）

官道（北陸道）に設置された「蚶形駅家」の「蚶形」とはのちに「象潟」とも表記される秋田・山形県境に位置する鳥海山の北西麓にあった潟湖で、文化元年（一八〇四）の地震で地盤が隆起して消失した。その蚶形駅家から早朝一番、午前六時ごろにこの手紙は秋田城宛に差し出された。出張した役人は、国内を巡っている国の別の役人にこの手紙を託して、みずからは秋田城の上司からの指示の返事を待って数日間駅家に滞在したのであろう。

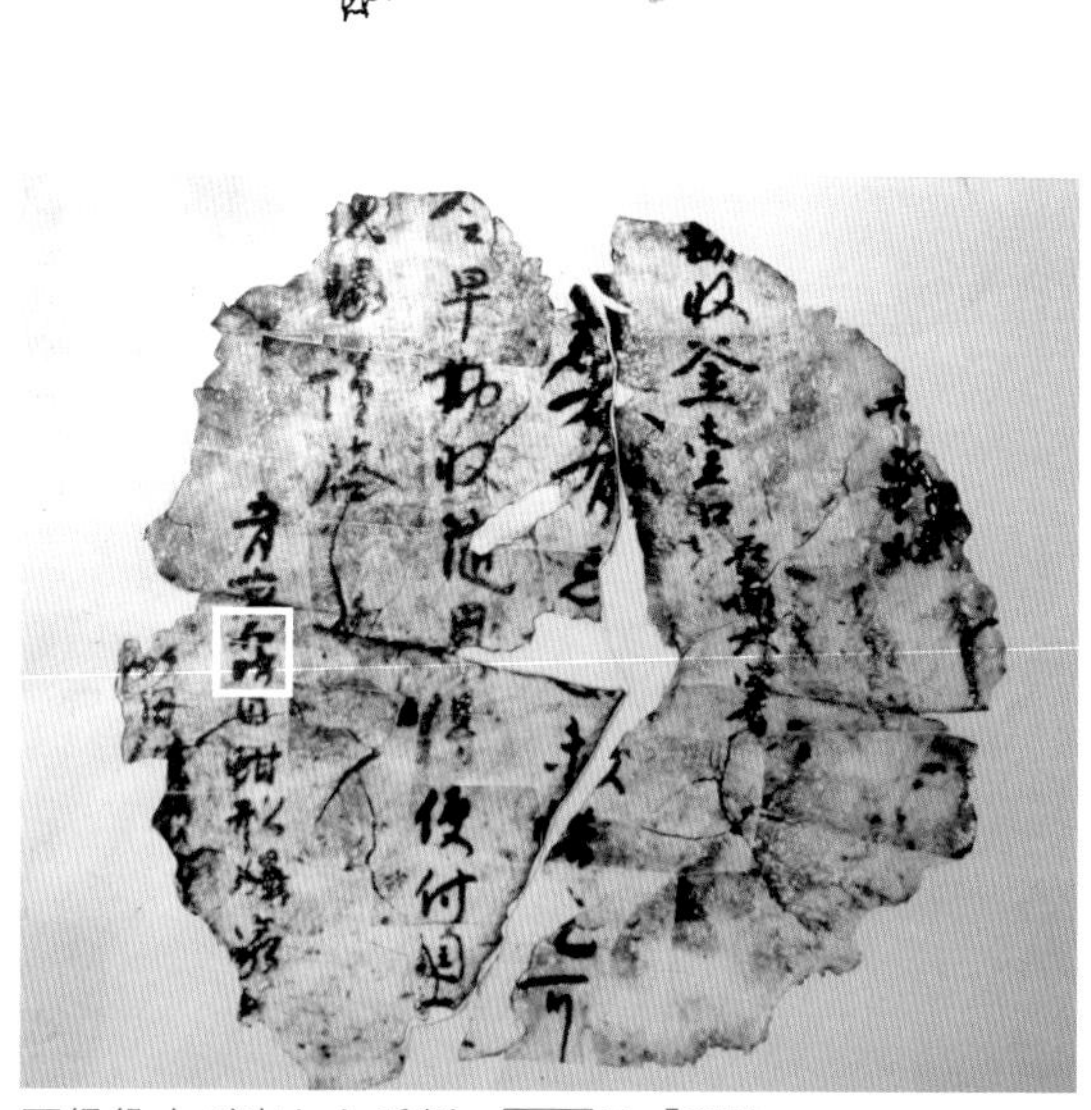

下級役人が出した手紙　□は「卯時」
（秋田城跡出土漆紙文書、秋田市立秋田城跡歴史資料館蔵）

手紙の内容が「製塩用の鉄釜一口の確認を終えたけれども、忘れたり、うっかりして未収のものがあるかもしれないので、もう一度、その点を指示してほしい」という役人としては若干お粗末なものである。それだけに早朝第一便で出したことを示す「卯時」という時刻まで記したのではないだろうか。

また、古代の丹波国氷上（ひかみ）郡の郡役所の一画とされている市辺（いちべ）遺跡（兵庫県丹波市）からも、次のような内容の木簡が出土している。

・浄名白上　国司以令病状見使□
・非儲侍奉　六月五日卯時□

国司が氷上郡に巡行した際に病に倒れ、その病状をみるために浄名という人物（郡関係者か）が使者を派遣した。文末には蛸形駅家から出した手紙同様に「六月五日卯時」と、やはり時刻指定した書状である。古代の一日は「卯時」に始まり、人びとが時刻に追われる生活にしだいに入っていったのではないか。

水上交通がささえた交易

水陸を結んだ「津」の繁栄

陸上交通と水上交通の結節点——琵琶湖の水運と津

東海道、東山道さらに北陸道という日本列島の東を走る三つの官道の出入り口にあたるのが近江国（おうみのくに）である。近江国は官道と平行して、琵琶湖の水上交通が利用されていた。

日本最古の仏教説話集『日本霊異記（にほんりょういき）』によると、大和の大安寺（だいあんじ）は仏教儀式用の基金（銭）を周辺住民に貸し出し、利息を加えて回収するという財政運用を行っていた。楢磐嶋（ならのいわしま）という人物はこの銭を借り出し、大和からはるばる離れた越前の「都魯鹿（つるが）」（現在の福井県敦賀市）に赴いた。おそらくは日本海側の海産物や塩を仕入れ、内陸部の大和に持ち帰ろうとしたのであろう。琵琶湖の水運を利用して荷物を船に運び込んだが、途中で病になり、急きょ馬を借りて陸路に切り替えたという。

この反対のケースが滋賀県野洲市西河原森ノ内遺跡出土木簡に記されている。

「椋□伝之我持往稲者馬不得故我者反来之故是汝卜部」
「自舟人率而可行也　其稲在処者衣知評平留五十戸旦波博士家」（長さ四一・〇×幅三・五×厚さ〇・二センチ）

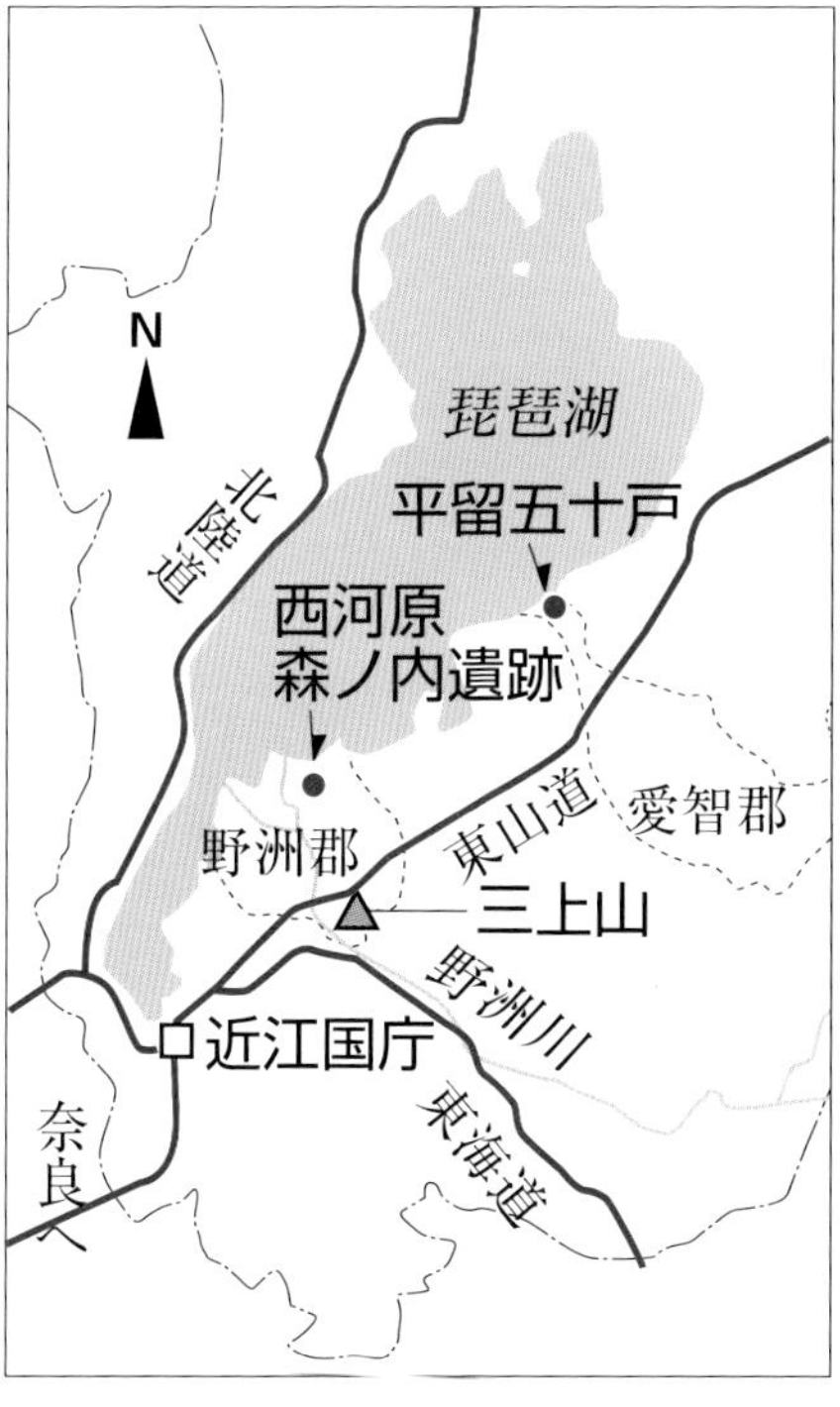

琵琶湖水運を示す木簡
（西河原森ノ内遺跡出土、複製、滋賀県立安土城考古博物館蔵）

【読み下し文】椋直伝（之）、我が持ち往く稲は、馬得ぬが故に、我は反り来ぬ（之）、故れ是に汝卜部、自ら舟人率いて行く可し（也）。其の稲の在処は衣知評平留五十戸の旦波博士の家そ。

琵琶湖の東部の衣知（愛智）の地（現滋賀県彦根市）に蓄えられていた稲を東南部の野洲の地（現野洲市）に馬で陸路（東山道）を運搬する予定であったが、馬が調達できなかったために、琵琶湖の舟を利用して稲を運んだのである。

官道と琵琶湖水運

この二例からも明らかなように、古代の陸上交通と湖、潟、河川などの水上交通との結節点に津（港）が設置された。その津は膨大な物資と多勢の人びとが集う場で、多数の馬が備えられており、市場が開かれ、活気あふれるところであった。この木簡が出土した野洲の地も、琵琶湖の水運と東山道の交わる要衝であった。この地には、「馬道里」があり、住民はウジ名「馬道」を名乗り、近くに所在する式内社も「馬路石辺神社」という。

水上交通の要衝の地には、多数の馬が備えられ、物資や人の利用に供したのである。中世になると、越前の敦賀、近江の大津・坂本、若狭の小浜などの交通の要所に馬の背に荷駄をのせて駄賃を稼ぎ、物資を運送した業者が登場した。かれらは「馬借」と呼ばれたが、すでに古代にその原型が確認できるのである。

潟湖と津

日本海側には潟湖に開かれた津（港）が多い。例えば北陸の加賀地方では潟津（現金沢港）から河北潟の水上交通を利用して潟の東北隅に至り、北陸道と接する地点が「都幡津」（現石川県津幡町）であり、物資が陸揚げ・積み込みさ

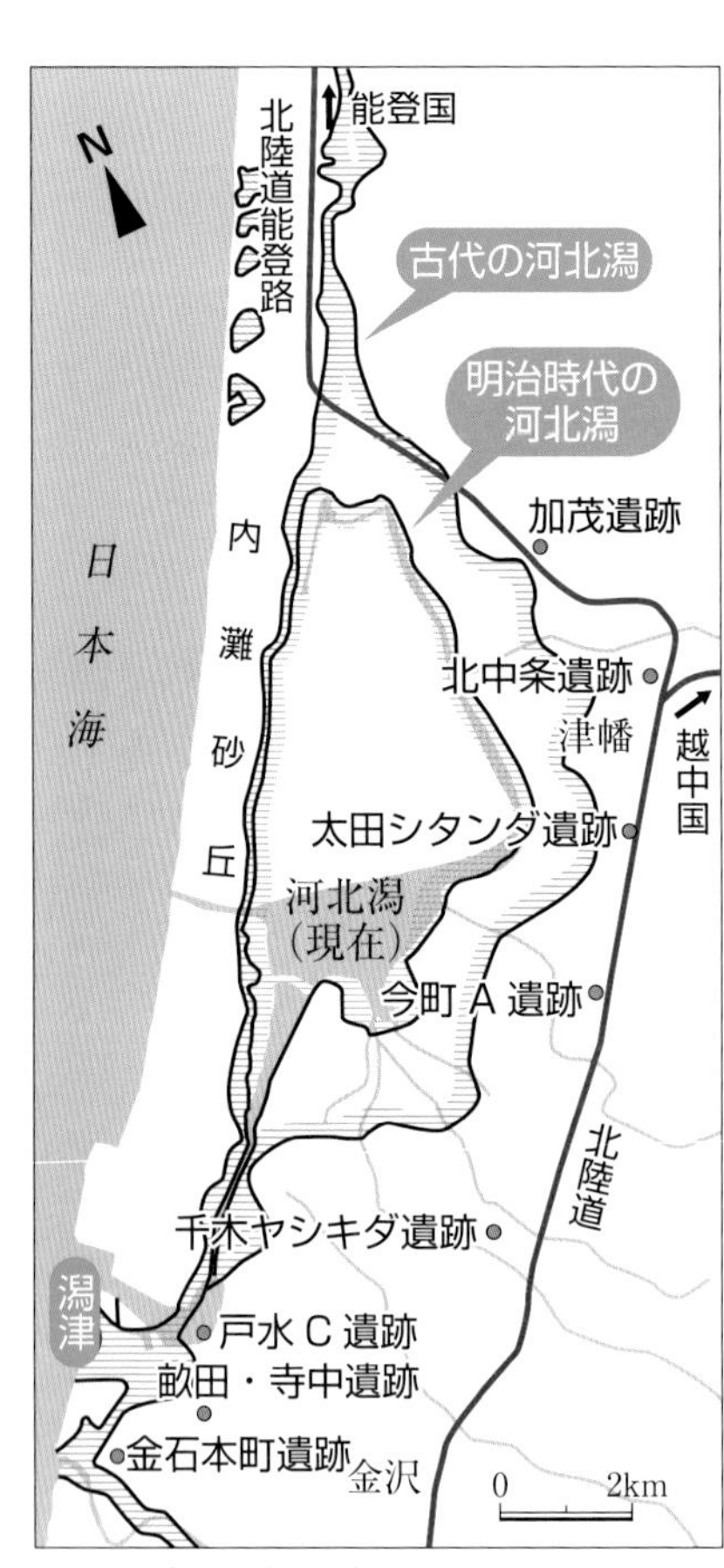

潟と北陸道の結節点

れる交易の中心であった。なお、この潟津とされる地点は現在の金沢港であり、その改修工事にともなう戸水C遺跡の発掘調査で「津」と記した墨書土器が多数出土した。古代から港として活用されていることがわかり話題となった。さらに、現在の新潟県北部の紫雲寺潟（塩津潟、近世に干拓）も同様に、潟の東北部（現胎内市中条町船戸）の蔵ノ坪遺跡では「津」と書かれた墨書土器が出土し、中条町船戸という遺跡の所在地名からも明らかなように紫雲寺潟の船戸（津）であったと想定される。この船戸は出羽国（山形県）に向かう官道と結節する地点に位置している。

　これらのことからも、甲斐国の駅家「水市」「河口」はいずれも官道と水上交通の結節点であると想定される。「水市」を山中湖と官道、「河口」は河口湖と官道、河口湖町の現「船津」はまさに紫雲寺潟の船戸（津）と同様といえよう。「水市」「河口」「加吉」駅にも、法定の駅馬が配され、その駅家付近には多くの運送業用の馬が備えられ、甲斐国への物資の搬入、搬出が水陸交通を利用して活発に行われたのであろう。

「津」と記された墨書土器
（蔵ノ坪遺跡出土、胎内市教育委員会蔵）

高速情報伝達「のろし」の威力

工夫されたルート

最速の情報伝達・「のろし」

二〇一一年、正月四日、長野県の木曽谷一帯で恒例となっている狼煙(のろし)あげ行事の様子がテレビで放映された。「信州木祖村」の当日のホームページでは、その模様を次のように伝えている。

「木祖村ではNPO法人木曽川・水の始発駅が中心となり、木曽川河川敷の役場付近など四か所で狼煙を上げました。河川敷では風が強く、最初は思うように煙が真っすぐに上がりませんでしたが、二つ重なったドラム缶の上に、更に手作りの煙突を上に重ねるとだんだん煙が上がり、参加者からは歓声があがりました。他の三か所では、遠くからでも確認できるほど、空高く狼煙が上がっていました」

木曽谷狼煙あげ連絡会では、「この行事が木曽街道全体に広がって、狼煙あげリレーができるようになれば…」と今後への期待を伝えている。

古代において最速の情報伝達手段が「のろし」である。その「のろし」制度の発祥の地である中国では、狼煙は文字どおり狼の糞(ふん)を燃やして煙を上げた。狼はエサとする動物を毛・羽そして骨片まで食べるために糞にも毛や羽などが混じる。これを俗に毛糞といい、この糞を乾かして生木の中へ加えて焚くと、その煙はどんな烈風の中でも真っすぐに上へあがるとされた。

中国では辺境防衛の地に配置

中国では、漢の時代（紀元前二〇六〜後二二〇年）に「烽燧（烽台）」制度が開始されている。その漢の烽燧施設の多くは、北辺の乾燥地帯に築かれた。そのため施設内で用いられた当時の文書や帳簿が二〇〇〇年間、朽ち果てることなく遺された。そのほとんどは木簡に書かれたものである。漢の長城（いわゆる「万里の長城」）は帝国領土の北辺を区切る国境線であると同時に、匈奴をはじめとする北方、東北地方の異民族に対する防衛線でもあった。こうした長城に沿って、随所に烽燧が築かれ、北辺の守りを固めた。「燧」が烽火台、つまり日本でいう「とぶひ」である。燧と燧との距離は、北辺の敦煌（甘粛省・疏勒河流域）・居延（甘粛省〜内蒙古自治区エチナ河流域）の場合一〜三キロ（漢の一里は四〇〇メートル強）である。漢の烽燧の姿をみると、建物は「譙」とよばれる望楼と、「塢」とよばれる居住区とから成る。この譙が各種の信号を挙げる場所でもあった。見張りと信号の具体的なやり方は、居延から出土した木簡によると、次のようである。

北方の異民族匈奴が昼に燧を統括する甲渠候官管轄区の河北の長城ラインに侵入したのを発見したら、蓬（信号用の旗）を二つ挙げ、積薪（積み上げた薪）を一つ焼け。夜に侵入した場合は、積薪一つを焼き、上に苣火を二つあげて、その火を明け方まで絶やすな。

わが国では、早くは弥生時代の高地性集落から「のろし」の遺構を検出しており、それ以降、近世に至るまで「のろし」が重要な役割を果たした。しかし、中国の制度を導入して、国家が「のろし」を軍事通信施設として正式に管理運営したのは、古代国家体制下（七世紀後半〜一〇世紀）の烽（とぶひ）制度のみである。烽は四〇里（約二〇キロ）ごとに設置され、昼は煙をあげて合図を送った。また、煙や火をあげても前方の烽が受信の合図を発しない場合は、徒歩の連絡員を派遣すると規定されていた。雨天の場合も同様に徒歩で連絡した。

古代の烽（とぶひ）の発見

一九九五年（平成七）、栃木県宇都宮市教育委員会による国指定史跡の中世の飛山（とびやま）城跡（じょうあと）の発掘調査において、古代の竪穴（たてあな）住居跡が数軒検出され、その中の一軒の竪穴住居跡から「烽家」と墨書された土器（九世紀半ば頃）が全国で初めて発見され、大きな話題となった。

墨書は須恵器（すえき）の底部内面に「烽家」と記されている。「烽」の文字は、『万葉集』で

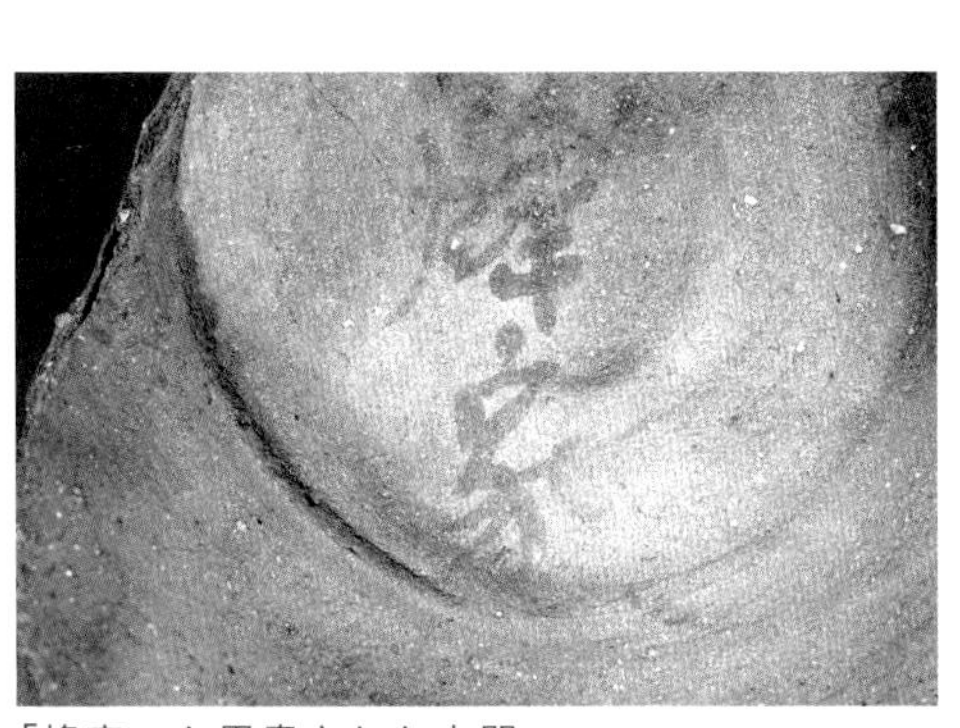
「烽家」と墨書された土器
（宇都宮市教育委員会蔵）

飛山城跡の遠景（宇都宮市教育委員会提供）
台地上に古代の「烽家」の施設が置かれていた。

は「飛火」、『和名類聚抄』では「度布比」とあることから、「とぶひ」と読まれていたことがわかる。「烽の家」は、公の施設を「官家」、また「郡家」を「こほりのやけ」と読むことから、「とぶひのやけ」と読まれていたであろう。この墨書土器が出土した竪穴住居跡は、南北四・六メートル×東西七・五メートルの長方形で、掘り込みが非常に浅く、外見上は掘立柱建物とみられる特殊な建物である。おそらく、「烽」に関わった烽の責任者「烽長」や烽に従事する「烽子」が使用した施設であったと判断される。しかし、飛山城跡での墨書土器「烽家」の発見によって、「飛山」の地名が古代の「烽」のある山、台地に由来したことが明らかになった。さらに飛山城は中世文書に「富山」「鵈山城」などとあることから、そのほかの地域でも「飛山」「鵈山」「富山」など地名を手がかりに古代の烽跡をさらに幅広く調査しなければならないことがわかる。

主要官道沿いに配置

また、烽の設置された地形についても、この烽の遺跡の発見により、従来の想定が大きく改められた。飛山城跡は瀬戸内海に突き出た屋島を思い浮かばせるかのように、北から南に流れる鬼怒川沿いの段丘上（鬼怒川の河床からの比高約二〇メートル）に立地している。烽は低い台地の上でも煙や火を高くあげることができればよいのであるから、従来のように必ずしも三角屋根の高い山の頂を想定する必要はない。たとえば、『肥前国風土記』の小城郡の烽は、標高約三三七メートルもある両子山に比定されている。しかし、当時の法令によれば、合図を受信できない場合は、徒歩で連絡するとされているように、烽施設は主要官道沿いに設置し、官道の駅家と密接に連繋して運用されていたのであろう。飛山城跡付近においても、鬼怒川に平行する形で、対岸を南北に幅員約九メートルの古代東山道が走っていることが発掘調査で確認されている。

そもそも烽家は緊急時に備えた施設であり、平穏時には不必要なものとして、しばしば停廃されるというような性格の施設である。烽は古代国家の政治情勢を計る格好のバロメーターなのである。飛山城跡は、幸い中世の館跡として国史跡の指定を受け、全面的に保存されている。

甲斐武田氏の「のろし」

甲斐武田氏の「のろし」については、山梨県教育委員会（一九九七年当時）の八巻與志夫氏が次のように整理している。

山梨県内には、中世城館跡が現在までに四五〇ヵ所前後確認されている。そのうち烽火台や鐘突き堂などの伝承がある小規模城郭が約一三〇ヵ所余りある。これら小規模城郭の多くに「烽火をあげた、鐘を突いた」との伝承が存在している。江戸時代末にまとめられた地誌である『甲斐国志』は、多くの烽火台・鐘突き堂山を載せている。同書第十四篝火焼場の条には「亭候ヲ置キシ跡アリ、今篝場・狼煙場・物見塚ナドト自在ニ相唱フ」、第十五城山の条に「烽火台ナリ、市川ノ郷故城山ヨリ相伝テ鴨狩ニモ又城山ト云フアリ」などと記されている。このように、江戸時代には甲斐国内各地に狼煙台伝承が存在していた。

釜無川右岸の北巨摩郡武川村にある星山古城と呼ばれる烽火台は、山頂の平坦部が一〇〇平方メートル前後、背後に続く尾根を一本の空掘で切断した小規模なものである。しかし、その背後には東西一〇〇メートル南北二〇〇メートル以上の緩やかな南斜面が広がっている。前面の烽火台が遮蔽（しゃへい）して釜無川流域を通る街道からこの斜面を望むことはできない。同様に、中巨摩郡櫛形町の西側にある城山の背後にも集落や海道から見ることのできない広大な緩斜面がある。このような場所に戦乱を避けた民衆が避難していたのではないかと八巻氏は推測される。

武田家独自の情報伝達ルート

武田家に限らず、戦国武将たちは戦闘の中での情報の伝達方法として狼煙を利用していたが、その内容は戦闘突入や引き揚げの指示、戦闘場所を知らせることなどであった。そのため、視界がきく日中は旗も活用され、夜は篝

甲斐国内の烽火台ルート（八巻與志夫氏作図）

火が使われた。しかし、高坂弾正が工夫したとされる飛脚篝火（あるいは篝飛脚）とは、早馬や飛脚のように遠方に情報を伝達することを目的に、いくつかの烽火（狼煙）台を経由する方法であったであろう。ここに武田家独特の烽火（狼煙）台による情報伝達ルートが存在していたことが想定できる。戦国末期の東国、それも武田家支配地域では、情報伝達の手法として狼煙が活用されていたことが事実であるとすれば、江戸時代に甲斐国内各地に烽火台と伝えられる小規模城郭が釜無川・塩川・笛吹川・桂川・富士川などの河川の流域の両岸に点在することが理解できる。

甲斐国内のような山間地域においては、「敵の乱入」「戦場の位置」「戦の勃発」「事態の急変」といった最低限の情報を広範囲に速やかに伝える手段としては、狼煙は極めて有効であっただろう。その意味からも中・近世の甲斐国内の小規模城郭、烽火台とされている遺跡のなかには、宇都宮市の飛山城跡のように、古代の「烽」の施設が設置されていたものもあるかもしれない。今後の発掘調査に期待したい。

なお、幕末に黒船が来航したときに、紀州藩有田郡の山間部の村々がのろし用に狼の糞を拾い集めたと

若神子城跡に復元された烽火台
武田氏の信州攻略の重要な中継地点であった須玉町には烽火台が集中する。

いう。幕末の異国人・異国船に対するイメージは、恐怖心を伴った、いわば天狗(てんぐ)・鬼そしてアメリカ狐(きつね)という妄想上の怪異を生み出したが、そのアメリカ狐に対する調伏(ちょうぶく)（あるものの力によって魔物を滅ぼすこと）が狼（山犬）であったのではないかとみられている。

現代のイベントの中の「のろし」

甲斐国（山梨県）内でも烽火台との伝承を有する小規模城郭が最も集中している塩川流域の須玉町では、合併前まで毎年秋に「のろしマラソン」を実施していた。

県内外からの参加者は、烽火台を左右に見ながら須玉川・塩川を遡るルートを走る。走者が出発すると狼煙が挙がり、マラソンのルート沿いに新たに設置された狼煙施設と点在する烽火台で狼煙を挙げる演出が行われていた。また、狼煙を挙げる役割は、烽火台が所在する集落の住民が中心になって受け持っていた。長野県木曽谷と須玉町の「のろし」にまつわる地域社会の行事は、多くの人びとが古代社会以来の高速情報伝達のシステムを実験・体験することを通じて豊かな地域の歴史・文化をも知ることができるのである。

駅の役割
行き交う人と神

駅伝制のルーツと古代国家の整備

すっかり正月の恒例行事となった大学対抗箱根駅伝は東京―箱根間をたすきリレーして往復する競走である。駅伝競走は江戸時代の継飛脚にヒントを得てはじまったといわれているが、駅伝のルーツは、中国の春秋戦国時代（紀元前七七〇～前二二一）にまでさかのぼり、秦・漢（紀元前二二一～後二二〇）の時代に駅伝制が全国的に整備された。古代日本においても、都と地方の間の情報伝達のために中国の駅伝制を導入した。

「駅」制は、主要な道路に沿って約一六キロごとに一駅（駅家）を配置するものである。「伝馬」制は、中央から地方へ派遣される使者を迎接する交通制度であり、郡家ごとに五頭ずつ置かれていた。駅には、「馬」偏が示すとおり駅馬が置かれ、その馬の数は、大路（都城と大宰府を結ぶ路線）が駅家ごとに二〇頭、中路（東海道・東山道）が一〇頭、小路が五頭とされていた。平安時代の法令集『延喜式』によると「甲斐国駅家　水市・河口・加吉各五疋」とあり、水市・河口・加吉の三駅が置かれ、馬数は各駅とも五頭で、小路であったことがわかる。その駅馬や駅を利用する役人の世話をするのが駅戸と呼ばれる人びとであり、駅戸の中から富裕な者が駅長に任命された。駅使は通常一日八駅以上乗り継いだが、急を要する場合の飛駅という急使の速度は、一日一〇駅以上で、実例によれば、大宰府（福岡県）と都（奈良県）との間約六七〇キロはおよそ四～五日以内、陸奥（宮城県）と都の間約八〇〇キロは七～八日以内で連絡することができた。通常、農民が都へ税を届け、荷物を持たない帰りの行程は、大宰府―都間一四日、陸奥―都間二五

小犬丸遺跡（たつの市教育委員会提供）
現在の県道は古代の山陽道とほぼ同じルートをとっている。

小犬丸遺跡出土の「駅」墨書土器
（兵庫県立考古博物館蔵）

日とされていたから、いかに飛駅が速達便であったかがわかるであろう。

駅路に面して四方を塀で囲われた「駅館院」には、出入り口として駅門が設けられた。塀で囲われた内部には、駅使や外国使節が宿泊などに利用する正殿（せいでん）や脇殿、宴会の準備をする大食堂、駅長などの事務棟などが設置された。その周辺には倉庫や馬の厩舎などの雑舎群があったことが発掘調査から明らかになっている。代表的な駅家の遺跡としては、兵庫県たつの市小犬丸（こいぬまる）遺跡が知られており、山陽道の布勢（ふせ）駅家に比定されている。一辺八〇メートルの築地塀に囲まれた「駅館院」には朱塗、瓦葺の建物が配置されていた。山陽道は都と大宰府を結ぶ外交使節が往来する特別な官道として「駅館院」の建物を朱塗・瓦葺で豪華に装わせたのである。甲斐国も含め他の官道の「駅館院」は質素な造作であったと想定される。

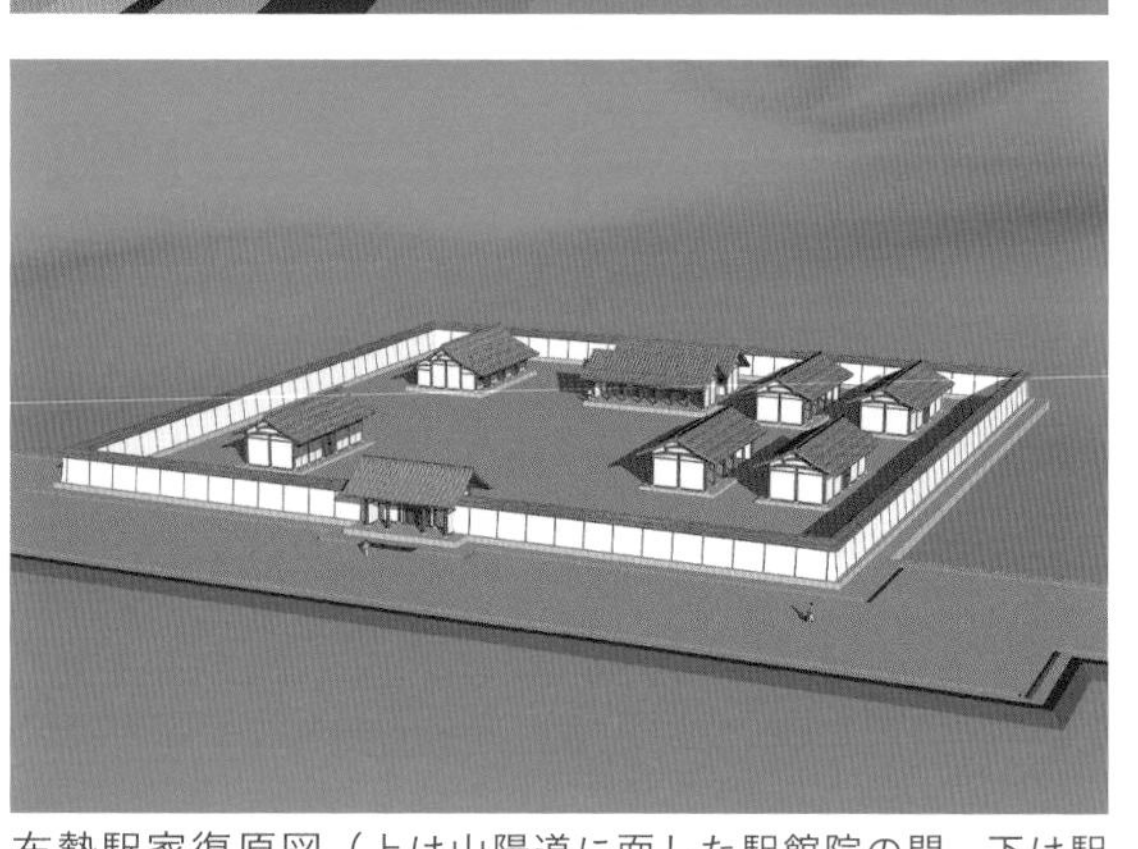

布勢駅家復原図（上は山陽道に面した駅館院の門、下は駅館院全体図。中村太一氏作成）

駅家からの手紙

駅家が多目的な施設であることを私たちに伝えてくれる一二五〇年前の手紙が、古代の出羽地方を治めた中心施設である秋田城跡（秋田県秋田市）から漆紙文書としてほぼ完全なかたちで出土した（写真・釈文は17〜18頁参照）。

秋田城に勤める「竹田継依」という役人は、秋田城から南へ、日本海沿いの鳥海山のふもとの象潟近辺に公務出張した。公務は、秋田城が管理する製塩用の鉄釜の検収（収納のための検査）である。

古代の官直営の製塩は、土器で海水を煮詰めて結晶塩を取り出し、仕上げに鉄釜で煎り、水分を完全に除く方法を取った。手紙の内容は、勤務先への問い合わせであった。

「無事に釜の一つの検収が終わりました。もし、このほかに未収のものがあるならば、ぜひお申し付けください。この手紙をちょうど出羽国内を巡回している秋田城（国府）の役人に託しますので、よろしくお取り計らいください」という文面である。

手紙の書き出しは、「謹啓」で始まり、結びも「謹啓」となっているが、この言葉は現在の書面にも生きている。手紙の末尾には、五月六日の日付と、象潟（当時は「蚶形」と記す。蚶はアカガイの古名キサガイのキサ）の駅家から早朝の卯時・午前六時ごろに差し出したことが記されている。駅家は文字どおりステーションとして官道に設置され、公務往来に「竹田継依」も利用した。その駅家がこの時は手紙の発信場所として、ポストオフィス（郵便局）の役割も果たしている。おそらく継依は、手紙の返事を待って象潟（蚶形）の駅家に滞在したのであろう。今度は、駅家はホテル（宿屋）となっている。この一通の手紙によって、古代の駅家の多様な役割が浮き彫りになった。

ところで、この手紙は卯時・午前六時頃に駅家から発信されている。実は古代の一日は「卯時」に始まるといってよい。奈良の都は若干季節により異なるが、日の出前後卯の時に太鼓の音がはじめ小さく徐々に大きく響きわたるとともに、朱雀門や壬生門など、平城宮とその外をつなぐ門が、いっせいに開かれる。卯の時は役所が始動する時刻なのである。地方の駅家から発せられる手紙も卯時が第一便だったであろう。

駅門に呪符

また、駅家の例としてよく知られているのは粟鹿駅家に比定される兵庫県朝来市の柴遺跡である。この遺跡は古代山陰道が京から丹波国氷上郡（現在の兵庫県丹波市）を経由し、遠阪峠を越えて但馬国に入った地点（兵庫県朝来市）にあり、ここから出土した木簡に、次のような内容が記されていた。

〔符籙〕□急如律令

左方門立

（長さ（四〇〇）×幅五二×厚さ四ミリ）

「符籙」・「□急如律令」は、中国伝統宗教である道教の悪霊を退散させる呪文である。この木簡は、悪霊・邪神・災難から身を守り、また幸運をもたらすと信じられている呪文を記した呪符である。

日本最古の仏教説話集『日本霊異記』には、要約すると、次のような話が記されている。

奈良時代（八世紀）前半のことだが、讃岐国（香川県）山田郡に布敷臣衣女という女性がいた。衣女がにわかに病気になったので、自宅の門の左右にごちそうを器に盛り、疫病神（流行病の神）を饗応（もてなし）しようとした。ところが、閻魔王の使の鬼が衣女を冥界（めいど・あの世）に召し出すためにやってきて、思わずそのごちそうを食べてしまった。鬼は衣女にごちそうになってしまったので、衣女の恩に報いなければならなかった「地獄の沙汰も金次第」。そこで布敷臣衣女の代わりに他の郡の同姓同名の人を冥界に連れていったが、閻魔王は冥界に備えられた戸籍と照らし合わせ、別人だと見破ってしまう。

この説話を参照すると、木簡に記された「左方門立」という意味は、左の門の位置に呪符を立てることを表現したと理解できる。門前の左方に本木簡（呪符）を立て、右方にもう一本の呪符を立ててごちそうを土器に盛り、疫病の神などに対して饗応するという祭祀が駅家で実施されていたことを示す貴重な資料

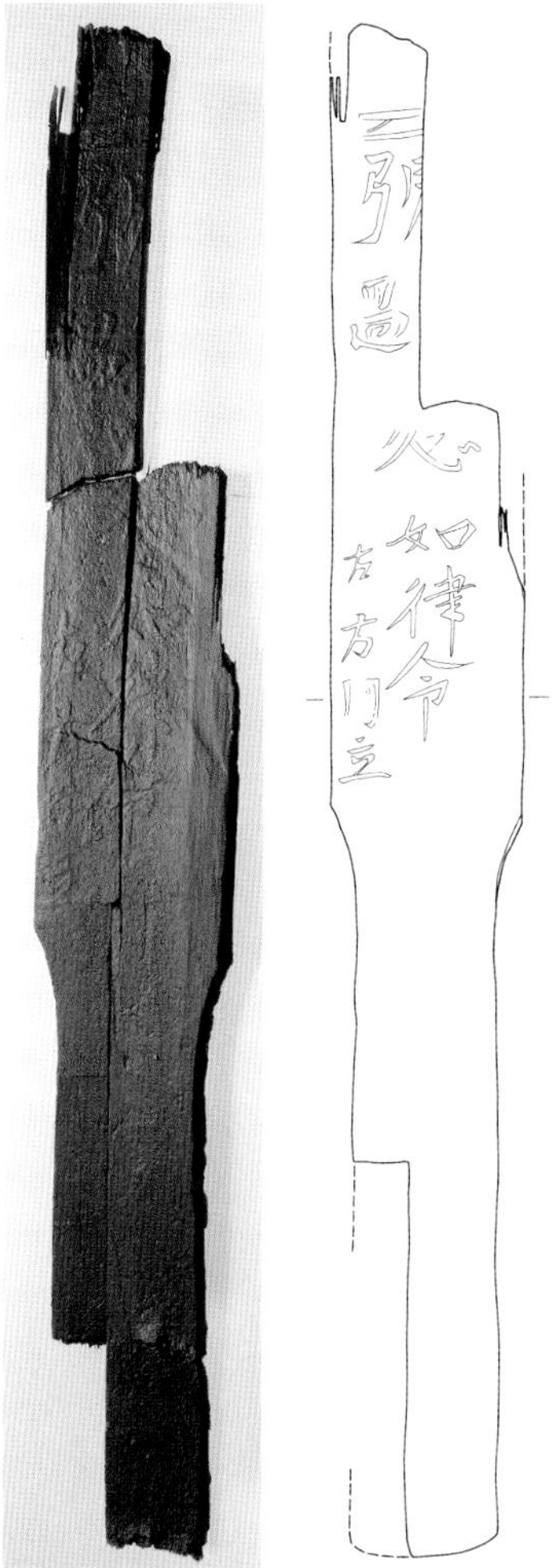

呪符「左方門立」
（柴遺跡出土、兵庫県立考古博物館蔵）
屋外に立てられていたため、墨が失われ、字画部分が盛り上がって残る。右は実測図。

の発見であった。沖縄では、現在でも屋敷内への邪悪なものの侵入を防ぐためにフーフダ（符札）という呪符を門の左右に立てている。

以上のような私の解釈に加えて、発掘調査担当者が興味深い推測を加えているので紹介しておきたい。

疫病神や鬼をもてなす意味

なぜ、駅家の門で疫病神や鬼に饗応（もてなし）を行わなければならないのであろうか。

『一遍上人絵伝』や『石山寺縁起』の描写では、厩に繋がれた馬のかたわらに猿が描かれており、馬が持ちこむ疫病・ケガレや鬼を猿が防いでくれるという信仰があったことをものがたっている。また、鬼に対する饗応については平安時代の説話集『今昔物語集』に、ごちそうを食べ、造り物の馬や舟に乗って帰っていく鬼の姿が描かれている。本物の馬と共にやってきた疫病神や鬼を駅家の門前において饗応し、造り物の馬（馬形）に乗って帰ってもらう祭祀が駅家で盛んに行われていたのではないだろうか。ここに紹介した兵庫

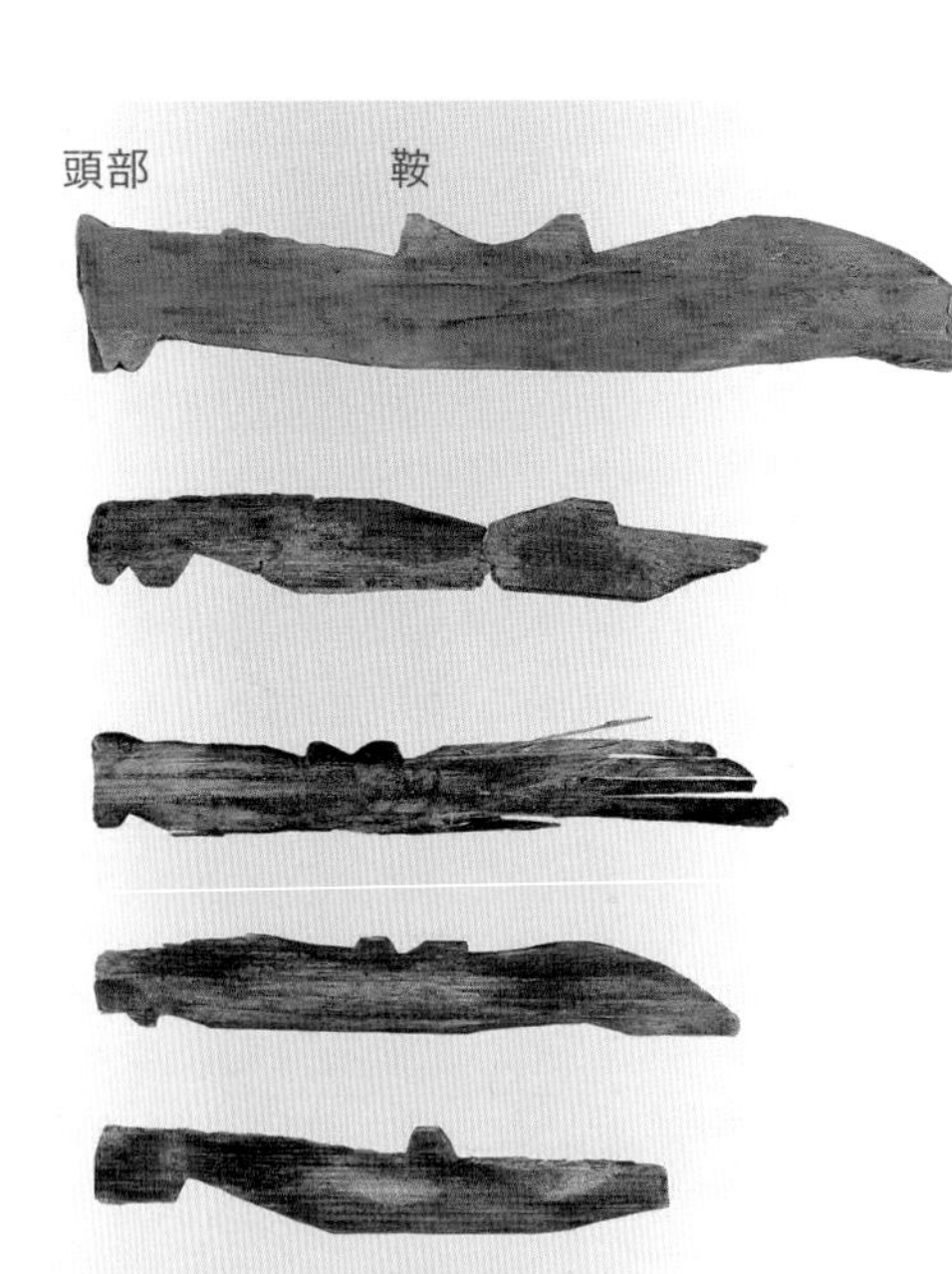

駅家の遺跡から出土した馬型木製品
（小犬丸遺跡出土、兵庫県立考古博物館蔵）

県の小犬丸遺跡・柴遺跡などの駅家の遺跡から、木製祭祀具のなかでも馬形の出土例が多いことも、こうした信仰のあらわれであろうか。

古代の交通と通信の拠点であった駅家関連の遺跡・遺物は、古代の人びとの日常生活の息づかいを今に伝えてくれる情報源でもある。その意味からも甲斐国の三つの駅家遺跡の発見が待ち遠しい。

猿の駒曳の守札（複製、南相馬市博物館蔵）
猿は馬が持ちこむけがれを防ぐという信仰をものがたる。

都と甲斐を結ぶ道
駅の位置はどこか

古代の官道と駅

律令(りつりょう)政府は、都と地方を結ぶ道路を建設した。この古代の官道は総延長約六三〇〇キロあり、ちなみに現在の高速道路の総延長約九三四一キロ(二〇一七年現在)とされている。これらの官道には、大きく二つの役割があった。一つは情報網としての道で、ほぼ三〇里(約一六キロ)間隔に置かれた駅(駅家(うまや))を中継点として役人の往来や文書・情報の伝達が行われた。もう一つは、中央政府に納める税や他地域との物流のパイプラインとしての道である。

駅には一定数の駅馬が常置されていたので、官道を駅路(えきろ)とよんでいた。駅路には、大路(山陽道、西海道の大宰府まで)、中路(東海道・東山道)、小路(その他の道)がある。駅馬数は大路二〇頭・中路一〇頭・小路五頭であった。駅馬は諸官庁の急使の利用にあてられ、役人は中央政府や国司から駅鈴(えきれい)(振り鳴らして駅子や駅馬を徴発する鈴)を支給され、駅馬を使用した。

甲斐国の駅

甲斐国府も官道によって中央と結ばれていた。甲斐国の駅路については、『延喜式』に、「甲斐国駅馬水市・河口・加吉各五疋」とあり、水市・河口・加吉の三駅が置かれ、馬数は各駅とも五頭で、小路であったことがわかる。東海道の本路から分岐した甲斐国府への支路は、ふつう甲斐路とよばれている。『延喜式』では、本路から支路の駅を記載する場合は、本路から支路の国府に至る順序どおりに記されている。ところが、甲斐路については、『延喜式』とは逆に本路から加吉・河口・水市の順で国府に至るというのが通説になっている。しかし、ここは『延喜式』の記載順通りに考えるべきであろう。

また、記載順の問題に加えて、「加吉」を「加古」の誤りとして、駿河国と甲斐国の国境にある「加古坂（籠坂）」にあてる考え方にも疑問が残る。東国における国境の重要な坂と駅はそれぞれ、美濃と信濃の国境にある神坂の場合、美濃国側の麓に「坂本駅」、信濃と上野の国境の碓氷坂は上野国側の麓に「坂本駅」、駿河と相模の国境の足柄坂は相模国側の麓に「坂本駅」というように、「坂本駅」は坂の麓に設置されている駅家である。これらの例からも、駅家は坂にではなく、麓に置かれており、坂の名前がそのまま駅名にはなっていない。

「栗原驛（駅）長」と記された土器（浜松市博物館蔵）

駅の場所を推定する

次に、地名比定する場合、その読みを検討しておく必要がある。「水市」という読み方は、あの坂本竜馬とともに幕末に活躍した土佐藩の武市半平太の武市「タケチ」が参考となろう。「武市」は「タケイチ(take-iti)」のeとiの母音が連続する場合、iを省くので「タケチ(taketi)」となる。これと同様に「水市」は、「ミズイチ(mizu-iti)」の母音連続回避による「ミズチ(mizuti)」と読まれたであろう。「加吉」は、「吉」の読みが問題となるが、地名の訓読みの場合「住吉(スミヨシ)」「人吉(ヒトヨシ)」など、音読みの場合「伊吉(壱岐・イキ)」「安吉(阿伎・アキ)」などとなる。すなわち、「加吉」は「加」が音読み「カ」とすれば、「カキ」と読まれたであろう。

「水市」は文字通り、水上と陸上交通の結節点で、籠坂を越えた北麓の富士五湖の一つ、山中湖西岸の山中湖村山中近辺に比定できよう。次の駅の「河口」は地名が残っており、河口湖北岸の河口付近と考えられる。山中の集落から、「河口」までの距離はおよそ一五～一六キロであり、古代の駅間三〇里にほぼ合致する。「河口」から「加吉」を、同様に約一六キロと想定するならば、駅家があったとされる一宮町市之蔵、同町国分または御坂町黒駒あたりを「加吉」駅の位置とみることができよう。

とくに、八世紀後半から九世紀後半にかけて、富士山のあいつぐ火山災害によって、交通路は相当に危険な状態にあったと思われる。たとえば、延暦二十一年(八〇二)五月には、富士山噴火により足柄路を廃して、「筥荷(箱根)途(みち)」を開いている。その意味からも、東海道に代わって、東山道も利用したであろうことが十分に想定される。

甲斐国から信濃国へ通じる道は、国府を出て西進し、おそらく釜無川畔に出て、北西進して信濃国諏訪郡に入り、東山道本路と連結していた。この道を通して、甲斐国は東山道諸国や都とも結ばれていた。

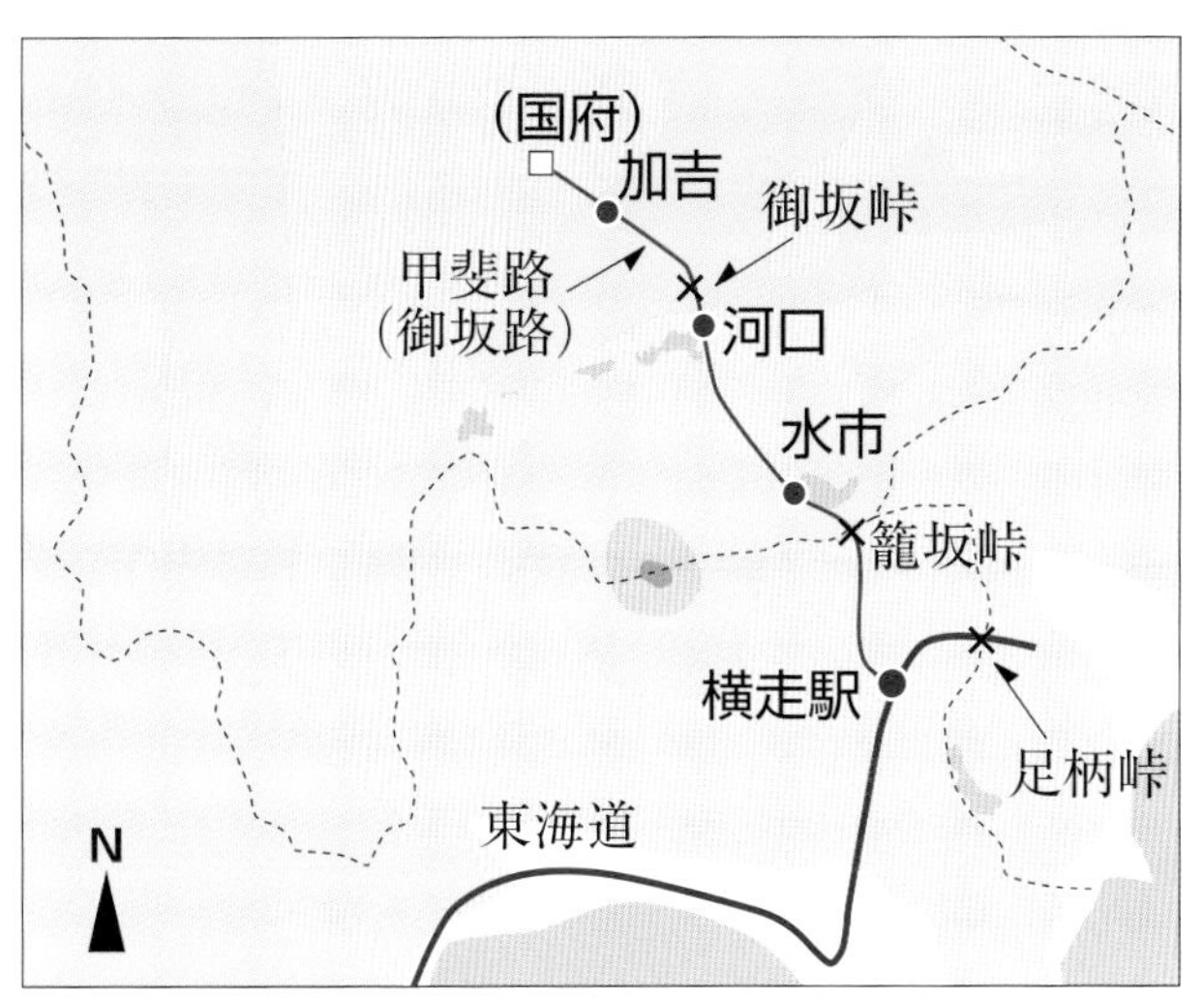

甲斐国の駅路

一直線に延びる東海道駅路跡
(静岡県曲金北遺跡、静岡県埋蔵文化財センター提供)

古代のパスポート

明らかになった都から甲斐へのルート

古代の関所と通行証

古代において、関所を通過する旅行者の身分を証明する通行証（パスポート）を過所と呼んだ。その通行証は旅行者が、①過所申請の理由、②越える関の名称と目的地の国名、③旅行者の官位や本籍地、④従者・携行品などを記して所轄の役所に申請し、発行される。携帯した通行証は紙または木（木簡）であった。その過所木簡が平城宮の大路の側溝から出土している。八世紀前半の甲斐国に関するものであった。

「依私故度不破関往本土甲斐国戸□□人万呂」

（長さ二六・八）×幅三・七×厚さ〇・四センチ

【意訳】私的事情に依って、京から不破関（美濃国）を度えて本土（甲斐国）に往く。度（渡）行者は甲斐国の〔　〕（判読不明）人万呂。

この木簡の表面はていねいに調整されているが、裏面は割り裂かれたままで、厚さはわずか四ミリしかない。

甲斐国過所木簡
（平城京出土、奈良文化財研究所蔵）

固関木契（こげんもっけい、宮内庁書陵部蔵）
宝永6年（1709）東山天皇の譲位の際の固関（国家の非常時に関を閉じ警護すること）に使用された遺品とされる。

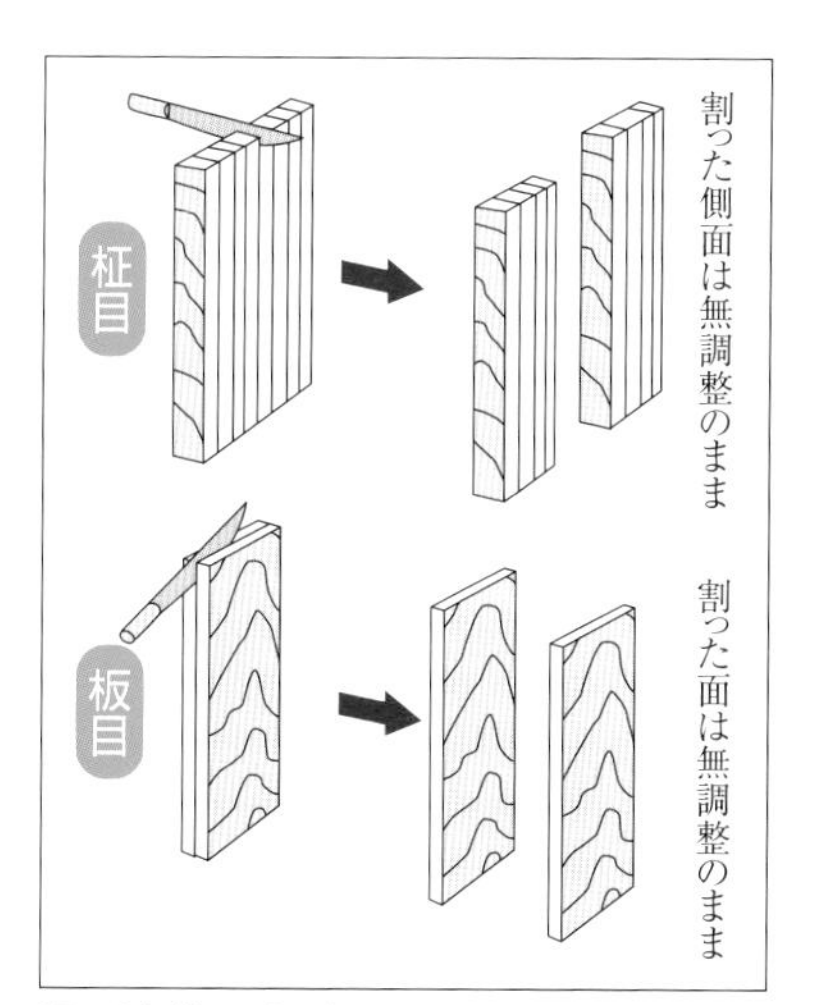

過所木簡の作成過程想定図

過所木簡は、現在、全国でこれを含めて四点出土しているが、その四点は表・裏に文字が書かれているものと表のみのものとに二分される。

この四点をよく観察すると、表・裏両面に文章があるものは、柾目材を用いており、表のみにしか文章がないものは、板目材を用いている。柾目材の木簡は、同文を左右に並記し、縦に割って、二片としている。そのために、木簡は、片側が割り裂いたままの状態であり、厚さは一センチくらいある。一方、板目材の木簡は、表・裏両面に同文を記載し、板目材の上端部の柾目に刃物を入れ、表裏を割り裂いて二片としている。その結果、木簡は、裏面が割り裂いたままの状態であり、厚さは五ミリくらいしかない。

このように過所木簡は本来一本の木簡をふたつに割り裂いていたことがわかる。これは古代の文献史料上にみえる「契」とよばれる割符に合致する。平安時代の儀式書などには、関の通行証木簡（契）は字の中央から二分割するとある。すなわち、片側を発行元の役所にとどめ、もう片側を通行証として受給者（旅行者）が所持するという方式であった。

この甲斐国関係の過所木簡は発行元である平城宮の役所にとどめられた片方であろう。

都と甲斐国の往来ルート

東海道の一国である甲斐国の在京人が帰郷する際に、東山道の美濃国にある不破関を通過していたということである。静岡県浜松市伊場遺跡から出土した過所木簡でも、東海道の遠江国の人が、美濃国（不破関）を通って京へ向かっている。東海道に属する甲斐国、遠江国の人びとでも、濃尾平野で、木曽川・揖斐川(ひかわ)などの広い河口を渡らなければならない東海道の鈴鹿関(すずかのせき)(三重県)から京に入るルートを避けたのであろう。一方、天平十年(七三八)の「駿河国正税帳(するがのくにしょうぜいちょう)」によれば、甲斐国から朝廷に御馬を進上する引率者や九州地方から帰国する防人が、東海道の駿河国を通過している。したがって、甲斐国の人は、東海道の駿河・遠江・三河・尾張を経たのち濃尾平野の河川を避けて北上し、東山道に入って、不破関を通過して京へ向かったのである。

ところで、去る七月、山梨県立博物館で開催された東海地区博物館協議会総会には、山梨県をはじめ、静岡、愛知、岐阜そして神奈川県の博物館関係者が出席した。山梨県の博物館がなぜ東海地区に参加するのかと疑念をもたれるかと思うが、古代の甲斐国は行政上東海道に属していたのである。さらにこの東海地区は、上記の東海道ルート(静岡・愛知)から東山道不破関(岐阜)に至るコースそのものにあたる。

奈良の都で出土した薄平な木片が古代の甲斐国と都を結ぶ真のルートをわれわれに伝えてくれたのである。

東山道不破関と東海道鈴鹿関

第一部
古代の交通・情報伝達

発見された東海道の支線「甲斐路」
古代の峠「坂」と道路跡

甲斐路の発見

本シリーズ第一巻『地域に生きる人びと』の「国司の赴任」において、甲斐国守の赴任に際して、「境迎えの儀式が、おそらく東海道・駿河国の横走駅（静岡県御殿場市付近）から岐路に入り、駿河国と甲斐国の国境の峠、現在の籠坂峠においておこなわれたのではないか」と指摘した（二〇一三年八月）。

これとほぼ同時に二〇一三年夏、ビッグニュースが報道された。河口湖岸を走る古代の官道（甲斐路）がはじめて発見されたのである。富士河口

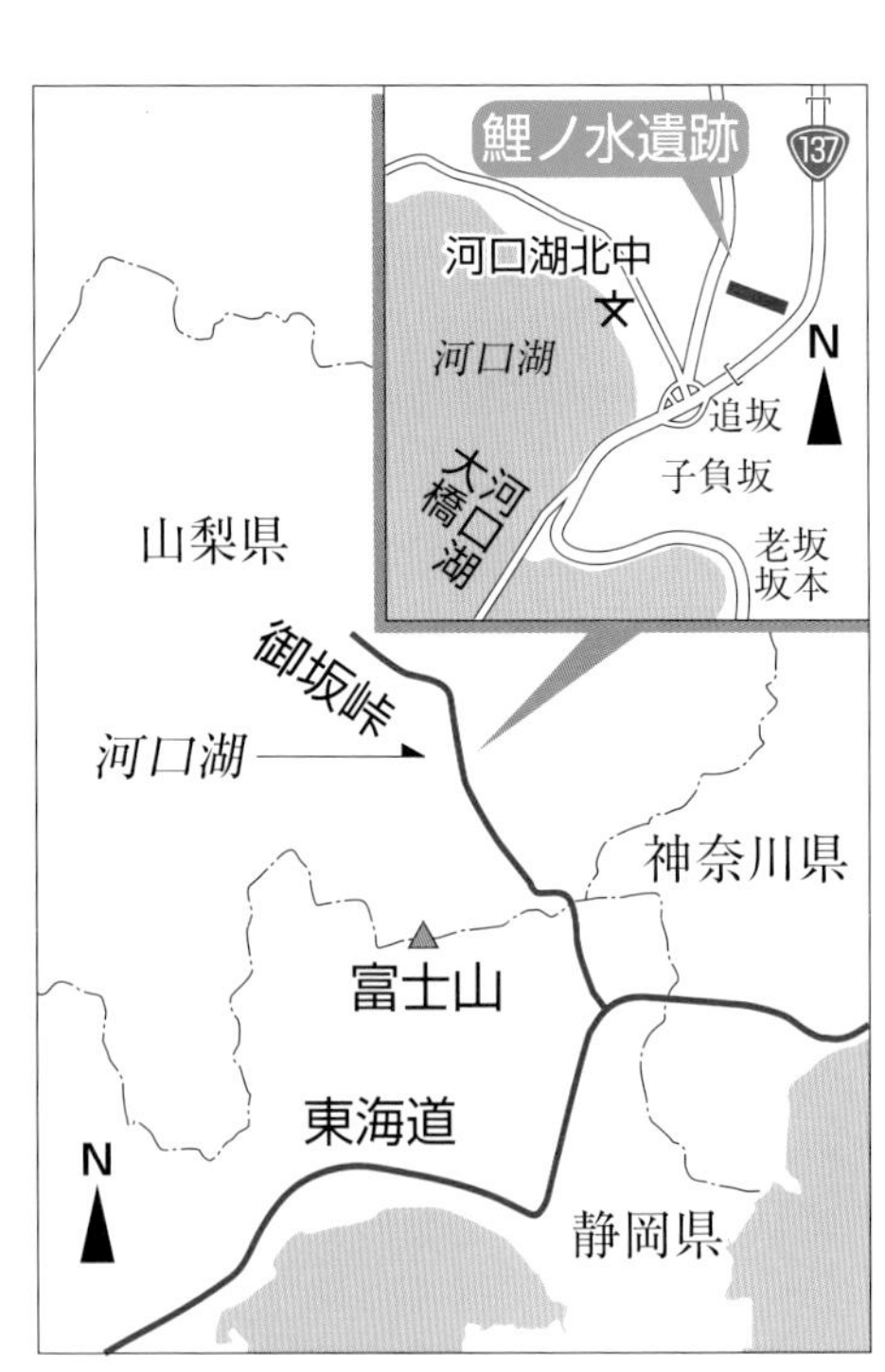

古代の官道と鯉の水遺跡

湖町教育委員会の河口湖精進線道路建設の事前発掘調査（鯉ノ水遺跡）によって、東西幅三・七メートルの道路の硬化面が検出された。検出した古代の道路跡は、湿地でもろい地盤のため一層ずつ杵で突き固める版築工法を用いたため、道路の表面が硬化した状態で確認された。調査担当者によると、コテでの掘削が困難なほどの硬度であり、私も八月中旬に現場でその硬さを確かめた。この道路は鎌倉時代、幕府が置かれた鎌倉と甲斐国をつないだ鎌倉往還（現在の町道二一〇一号線）とほぼ並行している。今回検出された道路幅は三・七メートルであるが、並行する町道の直下に半分ほどが含まれていると想定される。東海道の本線道路は一九九四年に静岡市曲金北遺跡で発掘され、幅約一二メートルの直線道路が延長三五〇メートルにわたって検出された。この道路は八世紀から一〇世紀末には廃絶したとされている（写真は43頁参照）。

発見された東海道の支線である甲斐路は、本線幅一二メートルの半分の幅六メートルと想定される。この道路は土石流により一部が破壊され、全面的に砂礫に覆われていた。土石流の砂礫中には大量の平安時代（九世紀後半）の土師器などが含まれ、割れ口が摩耗していないことから、近くの山から遺跡の南東の沢沿いにある

「甲斐路」とみられる古代の道路遺構
（鯉ノ水遺跡、富士河口湖町教育委員会提供）

集落を巻き込みながら猛烈な威力で道路に押し寄せたものと推測されている。九世紀後半に起きた土石流は、おそらく貞観六年（八六四）の富士山噴火・地震などで地盤が緩み発生したのであろうか。

地名に残る「坂」

鯉ノ水遺跡は、河口湖に突出した産屋ケ崎から一キロほど北にあり、旧鎌倉往還が産屋ケ崎から霜山にかけて伸びる尾根線上にある追坂（老坂）を超える峠道の麓に位置している。追坂（老坂）は「おいさか」（おおさかに通ずる）と読み、小字としては、河口側が「追坂」、浅川側が「老坂」と表記するが、小規模な峠を挟んで南北対称に同じ音をもつ地名である。また、「追坂」と「老坂」の中間に「子負坂」という小字名も存在する。なお、浅川側の老坂の南には坂本という小字名もある。

「峠」の語は、「辻」・「榊」などと同様に、中国の漢字にはなく、日本で作ったいわゆる「国字」の一つとされている。奈良時代には「峠」といわず「さか」と呼ばれていたのであろう。

その「さか」は、古代の文献や現在の地名として、「おおさか」（大坂、逢坂など）、「みさか」（御坂、三坂、神坂など）、さらに大きな坂のふもとには「坂本」とある。

『古事記』に記されたヤマトタケルノミコトの東征伝承の中にも、「其の国より科野国に越えて、乃ち科野之坂神を言向けて、尾張国に還り来て」と、現在の長野県下伊那郡阿智村の神坂峠を「科野之坂」と記し、『日本書紀』斉明天皇六年（六六〇）条では「巨坂」と表記されている。信濃国の神坂（巨坂）の例で明らかなように、「おおさか」は、地域社会において主要交通路が境界を越える峠路をさす呼称、「みさか」はその峠路を、神の鎮まる聖なる場としてみた場合の呼称とされている。すなわち「おおさか」や「みさか」という峠の呼称が残る交通路は、古代の主要な地域間交通路であったことをものがたっているのである。

さらなる官道・駅発見の期待

発見された東海道の支路・甲斐路には「おおさか」の地名と「御坂(みさか)」の地名の両者が存在する。さらに、その甲斐路は中世の「鎌倉往還(かまくらおうかん)」として利用されたことも明らかとなった。

古代の甲斐路について『延喜式』には「甲斐国駅馬　水市・河口・加吉各五疋」とあり、水市、河口、加吉の三駅が置かれ、馬は各駅とも五頭ずつ備えられていたことがわかる。「河口」駅は、鯉ノ水遺跡の北、富士河口湖町河口付近に設置されていたと想定され、今後、その河口駅の施設の発見の可能性も一段と高まったのではないだろうか。さらに、甲斐の国府へ向かう官道と駅家を確実に追跡することも可能となった。

今回の甲斐路の発見は、古代甲斐国の扉を開く画期的な発見であり、しかも富士山世界文化遺産登録の記念すべき年に登場したこともその慶事といえよう。

東海道・東山道を結ぶ甲斐国

西大寺出土木簡にみる国名表記

大和・西大寺出土の長大な木簡

二〇〇九年十二月五日、奈良で開催された第三一回木簡学会で、古代の甲斐国と七道制（東海道・東山道・北陸道・南海道・山陽道・山陰道・西海道）に関する興味深い木簡が公表された。

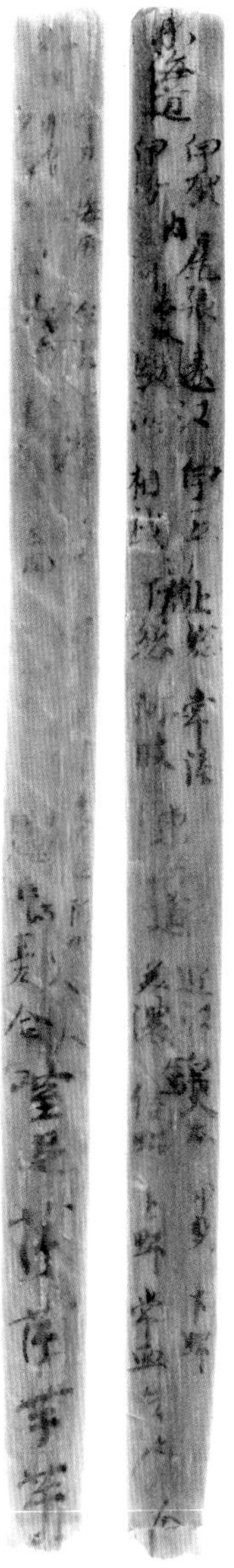

古代の国名が列記された木簡（奈良市教育委員会蔵）

【釈文】

（表）「　伊賀　尾張　遠江　伊豆　上総　常陸　　近江　火太　甲斐　下野　□
東海道　内　志麻　武蔵　　東巽道　『錦』
伊勢　三河　駿河　相武　下総　阿波　　美濃　信野　上野　常奥　□□

注　相武＝相模　阿波＝安房　火太＝飛騨　信野＝信濃　常奥＝陸奥
『　』は別筆
裏面は南海道に属する国名とその郡名を記しているが、省略。

木簡は、奈良市の平城宮跡の西方に位置する西大寺旧境内の西南部から出土したものである。西大寺は南都七大寺（東大寺・興福寺・元興寺・大安寺・薬師寺・西大寺・法隆寺）の一つで、天平宝字八年（七六四）、称徳天皇の勅願により創建された。その後、平城右京一条三・四坊に三一町という東大寺に匹敵する規模に拡大されて、西大寺と名づけられた。その木簡は八世紀後半の幅七メートルの溝から出土し、全長五一センチを超える長大なもので、下端が折れている。

木簡には国名が列記されていて、発掘を担当した奈良市埋蔵文化財調査センターによれば、こうした木簡は全国で初めての発見であるという。ただ、この表面の記載のうち、武蔵国・阿波（安房）国・甲斐国の三国については、記載順（右左に順次記述されている）および道別に問題がある。一〇世紀の法令集『延喜式』の東海道の記載順は、遠江・駿河・伊豆・甲斐・相模・武蔵・安房・上総・下総・常陸となっている。木簡記載の武蔵・安房両国はその順

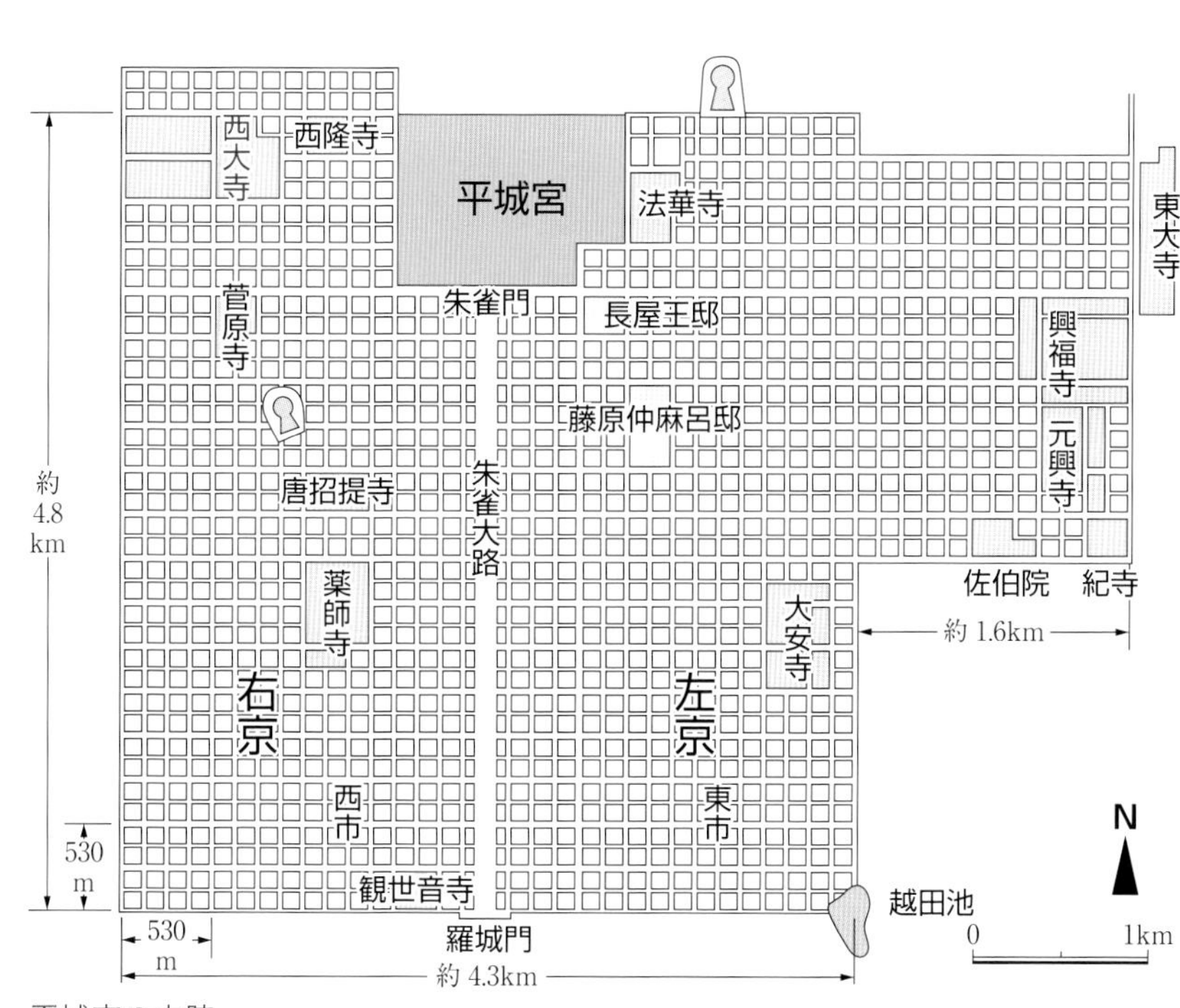

平城京の寺院

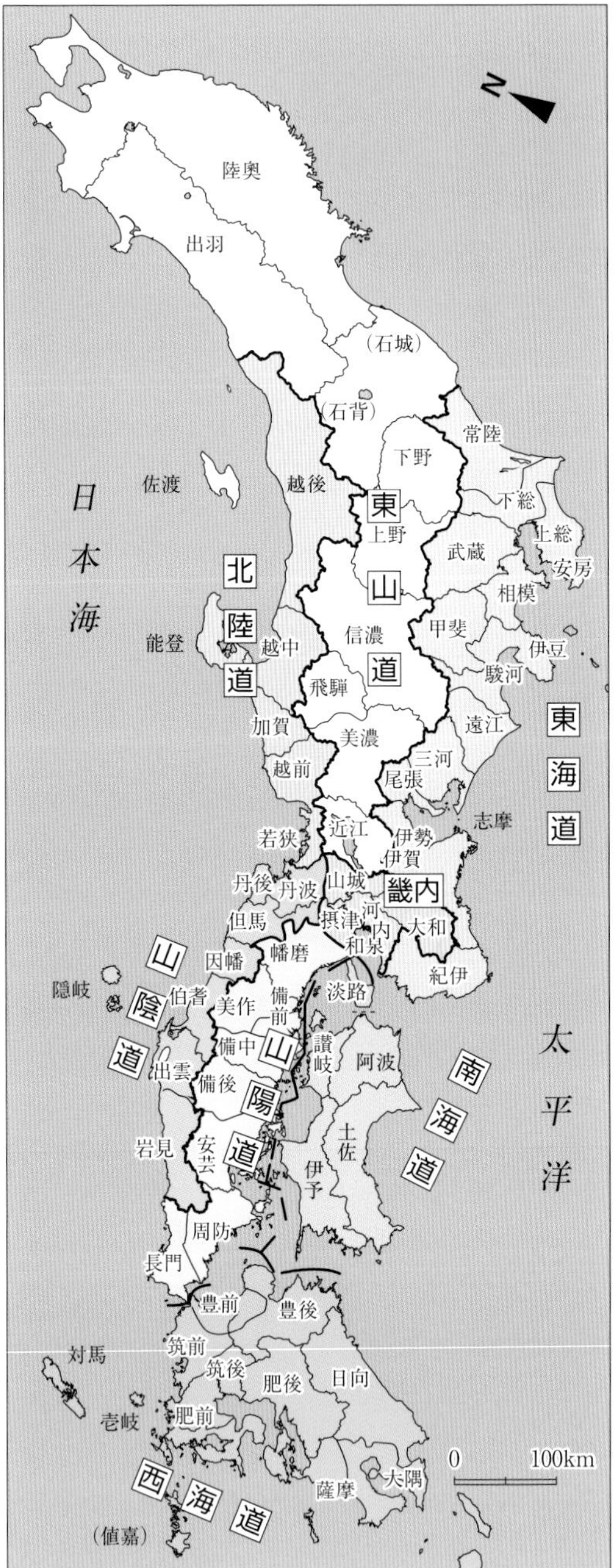

古代の国名と七道

序からはずれている。このうち、武蔵国が東山道から東海道に所管が変更されるのは宝亀二年（七七一）以降である。また、安房国は天平宝字元年（七五七）上総国から分立している。武蔵国も安房国も、所管換えおよび分置にもとづく追記のような形で記載されており、このことからも木簡の年代は七七一年からまもないころと判断される。

「東山道」を「東巽道」と表記する意味

この木簡の注目すべき点は、まず、「東海道」に対して「東山道」ではなく「東巽道」と記載されていたことである。この「巽」は南東の方向を指す「たつみ」の意味であるが、その意味は関係なく、音(おん)として用いており、その場合、漢音・呉音ともに「ソン」と読む。この「巽」について、古代日本でどのように読まれていたかは平城宮・京跡出土の木簡から知ることができる。

○平城宮二条条間大路南側溝出土木簡

(表)巽一千卌六把

雇女十五人　十一人々別七十把　四人々別六十九把

(裏)四月十四日領上毛野智恵

○平城京左京二条二坊五坪二条大路濠状遺構出土木簡

(表)岡本宅謹　申請酒五升　右為水葱撰雇女

(裏)等給料　天平八年七月廿五日　六人部諸人

これは、食用の水葱(ナギ。今でいうコナギ科のミズアオイ。沼などの溜まり水の中に生え、葉を食用にした)を、採取後に雑草などを取り除く選別や束ねる作業などを行う女性労働に関するものである。一つめの木簡は、(水葱)

「巽」の文字が記された木簡(左は平城京跡出土、右は平城宮跡出土、いずれも部分。奈良文化財研究所蔵)
左の木簡では「巽」、右の木簡では「撰」が記され、古代日本で「巽＝撰(セン)」が通用していたことがわかる。

一〇四六把について、雇用した女性一五人のうち、一一人が一人あたり七〇把、四人が一人あたり六九把の選別を担当したことを記す。二つめの木簡にある「為水葱撰雇女」（水葱を撰ぶために雇用した女性）も同様の作業と考えられ、ここから当時、巽＝撰が通用していたことがわかる。

今回西大寺で出土した木簡に記されていた「東巽道」の「巽」という表記については、平城宮・京跡出土の木簡の「巽」が「撰」と通用していたことから、古代において「巽」は「セン」という音に用いられていたことが明らかとなった。「東巽道」は「東撰道」と同様であり、「東山道」も「トウセンドウ」とよばれていたのであろう。これまで「トウサンドウ」と読んできたが、今回の木簡により古代の正しい読みが判明した。参考までに、中国地方第一の高峰・伯耆富士とされる島根県の大山は「ダイセン」、福島県の名山・霊山は「リョウゼン」である。

近世初期には、古代以来、東山道諸国のうちの中筋の道であるから中山道（ナカセンドウ）と称したとされ、「中山道」あるいは「中仙道」と書いた例が多い。享保元年（一七一六）以降は中山道にほぼ統一したとされている。

甲斐国は東山道にも所属

これまでは、東山道を「トウサンドウ」と読むと、中山道（ナカセンドウ）との名称の関連が不明であったが、東山道を東巽道（トウセンドウ）と読むならば、東山道→中山道・中仙道という三つの表記の関連が容易に理解できる。

ところで、すでに長野県の歴史研究者・黒坂周平氏は、現在の東山道の実地調査を行い、「仙道」（センドウ）という地名をいくつか確認し、古代の東山道は「山道」「仙道」「先道」地名を結ぶ筋道と想定してよいであろうとされていた。今回の木簡は、この黒坂氏の推定を立証する確実な資料の発見ともいえる。

さらに注目すべきは、その東巽道に「甲斐」が入っていることである。調査担当者は、東海道に属する甲斐国を東巽（山）道諸国の中に記すのは誤記とみている。しかし、この木簡に記載されている国名には、陸奥を「常奥」と記したような明らかな誤記や、相武（相模）・火太（飛驒）のような異なる表記はあるが、東海道、東巽道の所属についての誤記はない。

むしろ、この木簡の登場は、新たな事実を提供したと理解すべきであろう。本木簡に記す近江・美濃・火太・信野・上野・下野・常（陸）奥・（出羽）という東巽道の国名順は、『延喜式』の正式な国名順序と合致している。しかも東山道に仮に甲斐国を加えるとすれば、この木簡に記

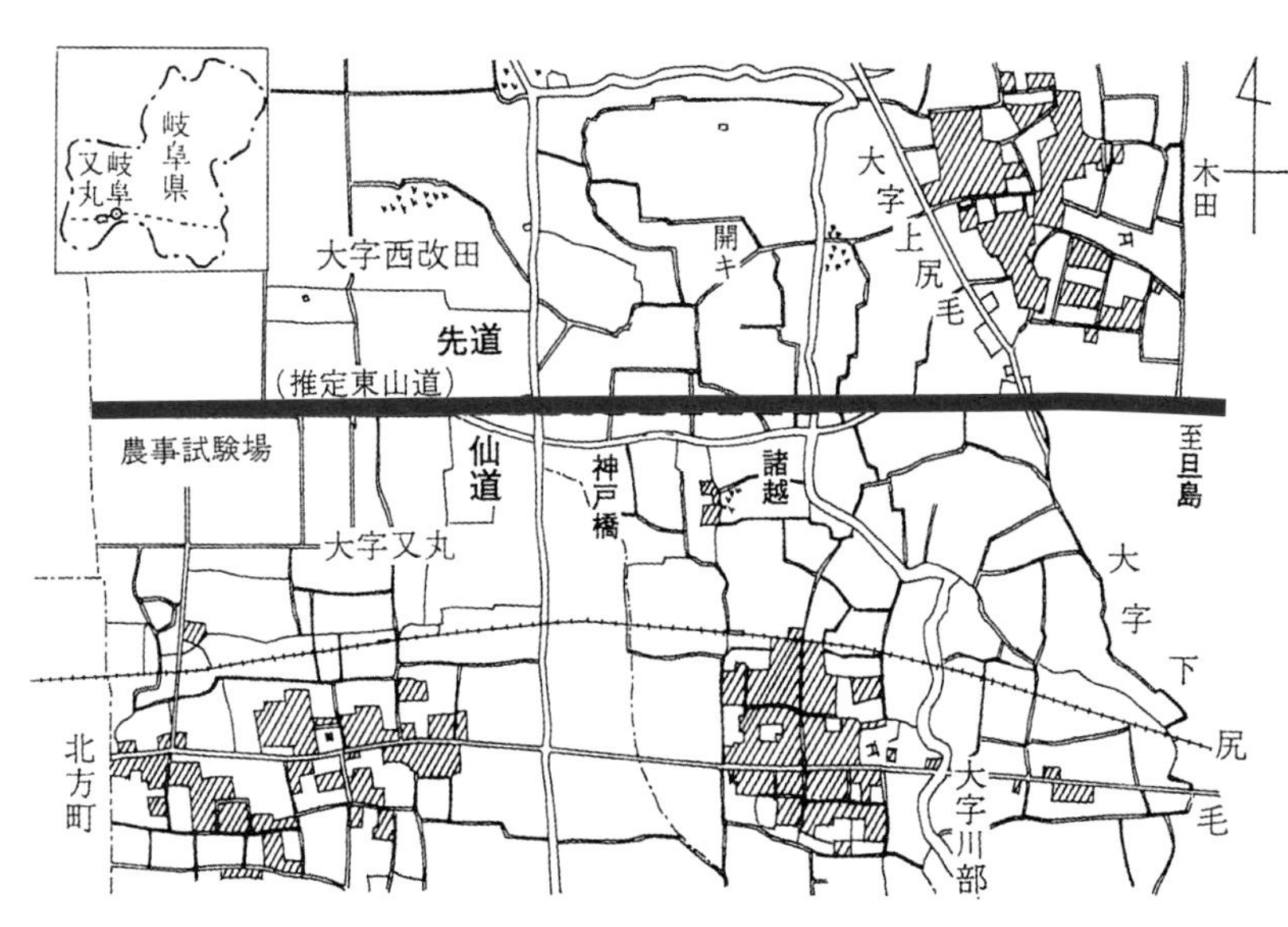

古代東山道の筋道推定図
（岐阜市大字又丸地区、黒坂周平『東山道の実証的研究』吉川弘文館、1992年に加筆）

すとおり信濃─甲斐─上野というルートが妥当である。

東海道と東山道を結ぶ甲斐

そこで、注目したいのは、『古事記』『日本書紀』にみえる有名なヤマトタケルの東征伝承である。両書に共通するのは、ヤマトタケルが東海道からわざわざ甲斐国の酒折宮に立ち寄って東山道へ向かい、最終地の尾張国に戻るという伝承である。『古事記』では、ヤマトタケルは東海道の相模・足柄坂から酒折宮を経由して「科野之坂」に到っている。一方、『日本書紀』では、常陸から酒折宮、そして武蔵を経由して上野の「碓日坂」に到着している。この『日本書紀』のルートが今回の木簡が記す甲斐─上野の道であろう。

東海・東山両道の結節点が、酒折宮（坂折宮）に象徴される甲斐国であった。甲斐国が東国支配において重要な結節点の役割を果たしたことこそが、「交ひ」、すなわち甲斐国の原義であろう。つまり、ヤマト王権は、東国支配の重

官道を結ぶ甲斐国

要な拠点としての甲斐国に両道を結ぶ役割を課したと考えられる。行政上、甲斐国は東海道に属している。しかし「交ひ」を使命とする甲斐国は、東海道と東山道の双方に属する条件に置かれていたのであろう。

西大寺旧境内出土の一点の木簡によって、古代には東山道を「東巽（撰）道」とも表記し、「トウセンドウ」と読んでいたことが判明し、のちの「中仙道」→「中山道」（ナカセンドウ）へという変遷も明解に説明できるようになった。また、八世紀後半には、都の人びとに甲斐国が東海道ではなく、東山道に属するとも意識されていたことで、あらためて、甲斐国が「東海道と東山道の結節の国」であることを確認できたのではないか。

ヤマトタケル伝承と酒折宮
生産・祭祀・軍事の要衝

ヤマトタケルの東征ルート

二〇一二年は『古事記』一三〇〇年の催しが各地で実施された。いうまでもなく『古事記』は現存する日本最古の歴史書であり、七一二年に完成した。江戸中期の国学者・本居宣長（もとおりのりなが）は三〇余年を費やして古事記の注釈書『古事記伝』という大著を作りあげた。一方、『日本書紀』は、神代から持統天皇までの朝廷に伝わった神話・伝説・記録などを漢文で記述した編年体（年月の順を追って事実を記すもの）の歴史書（七二〇年成立）である。この両書のなかで、圧巻といえる伝承の一つが、ヤマトタケルノミコトの東征伝承である。

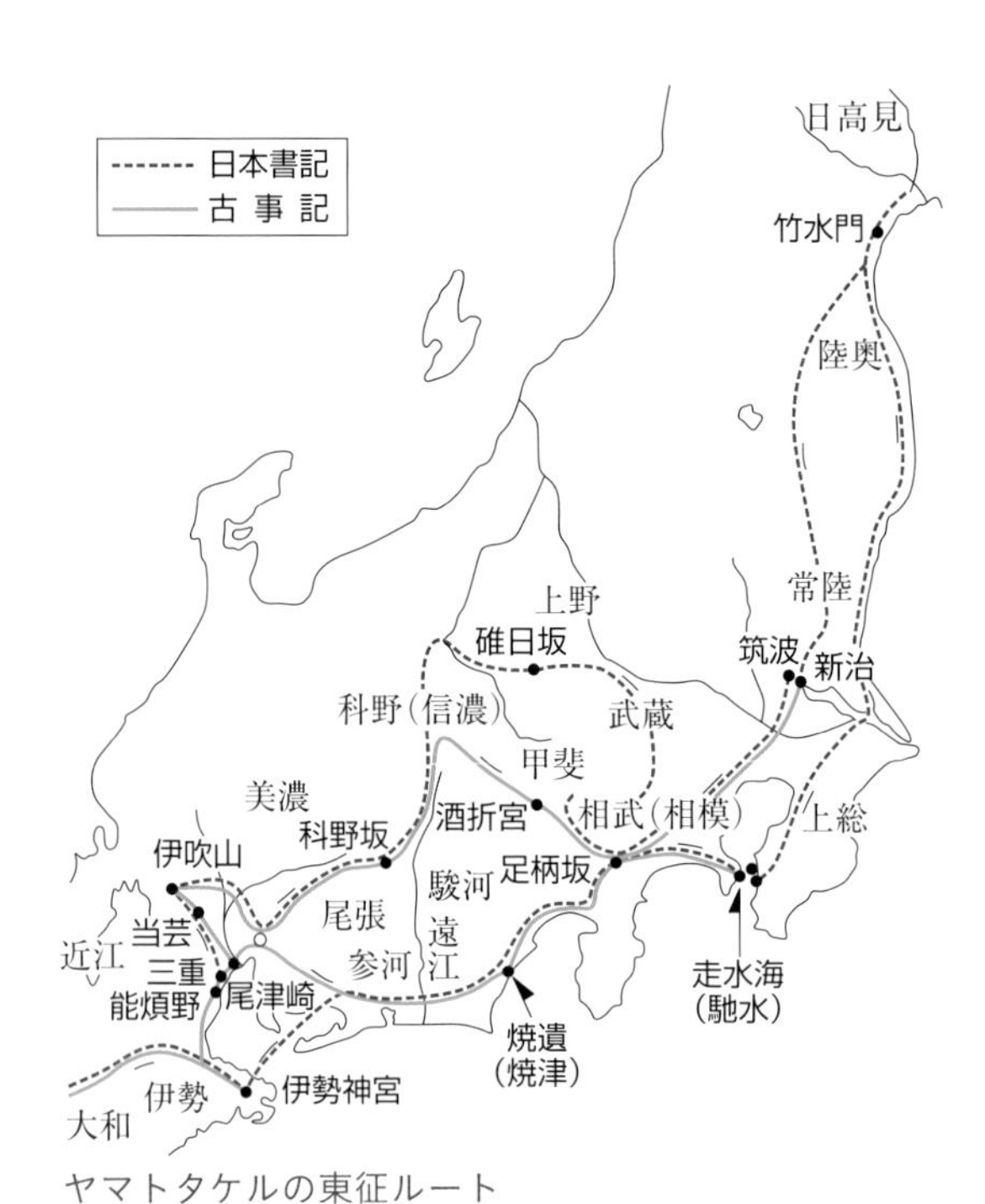

ヤマトタケルの東征ルート

今も、日本列島各地に、ヤマトタケルノミコト（日本武尊・倭建命）の民間伝承が数多く残っている。古代伝説上の英雄としてヤマトタケルは父・景行天皇の命令を受け、西の熊襲を討ち、のちに東国を鎮定した。この東国鎮定すなわち東征伝承では、ヤマト朝廷による古代国家の形成過程がヤマトタケルという一人の英雄の事跡として物語られているのである。東征のコースは『古事記』と『日本書紀』では異なっているが、甲斐・酒折宮を経由する点は両書で一致している。

『古事記』

尾張→相模→上総→蝦夷→相模・足柄坂→甲斐・酒折宮→信濃・科野之坂→尾張

『日本書紀』

尾張→駿河→相模→上総→陸奥→蝦夷→日高見国→常陸→甲斐・酒折宮→武蔵→上野・碓日坂→信濃→尾張

このヤマトタケル東征伝承には、二つの特色がある。その一つは、ヤマトタケルの東征コースは、往路が海道・海上ルート、とくに陸奥国の蝦夷征討が海上からの侵攻であり、復路は常陸そして足柄坂（東海道）から甲斐国酒折宮を経由して東山道に入っていることである。

坂での祭祀

もう一つは、「足柄坂」「科野之坂」などの坂において祭祀が行われたことである。坂の祭祀は、坂の神を鎮圧する行為であり、また坂は国境と大きく関わっている。足柄坂の場合は駿河と相模の国境、碓日坂の場合は信濃と上野の国境、科野之坂（神坂）の場合は美濃と信濃の国境にそれぞれあたり、なかでも足柄坂と碓日坂は、その坂以東を「アヅマ（東国）」と宣言した舞台である。

有名な酒折宮の伝承は『古事記』に次のようにある。

足柄の坂本坂に登り立ちて、三たび歎きて、詔ひて云ひしく、「あづまはや」といひき。故、其の国を号けて阿豆麻と謂ふ。即ち、其の国より甲斐に越え出でて、酒折宮に坐しし時に、歌ひて曰はく、新治　筑波を過ぎて　幾夜か寝つる　爾くして、其の御火焼の老人、御歌に続ぎて、歌ひて曰く、日々並べて　夜には九夜　日には十日を　是を以て、其の老人を誉めて、即ち東国造を給ひき。

ヤマトタケルノミコトが長い東征の旅をふりかえって「新治・筑波の地を通り過ぎて、ここまでいく晩、旅寝したことであろうか」と詠んだのに対して、御火焼の老人が「日数を重ねて、夜は九夜、昼は十日になります」と詠み返したところ、ミコトは老人を称賛したという。後世、ミコトと老人が交わした歌問答が、連歌の発祥とされ、酒折宮の名は広く世に知れ渡った。

この酒折宮から後のコースは、『古事記』ではヤマトタケルは科

酒折宮

野（信濃）国を越えて尾張国に至るが、『日本書紀』では甲斐から北武蔵・上野方面へ向かい、碓日坂で「吾妻はや」と宣言した。

古代の道からいえば、東海道の足柄坂（神奈川県南足柄市）を越え、その西から分岐する御坂路を経て、その終点ともいえるのが酒折宮の所在する山梨郡西部に至るコースである。伝承の中のヤマトタケルもまた、足柄坂を越え御坂路を経由して酒折宮に向かったのであろう。

ヤマトタケルの伝承を描いた「酒折宮連歌図」
（土佐光起筆、山梨県立博物館蔵）

「酒折」の意味

本居宣長の『古事記伝』以来の説として、酒折の「折」が、スサノオノミコトが八岐の大蛇を退治した話に出てくる「八塩折の酒」（何回も繰り返して醸した強い酒）の「折」と通じ、「酒折」は酒を繰り返して醸す意、酒折宮という名称自体が、御酒の供献と関連するという。

しかし、現在の甲府市酒折の前身である「坂折村」の史料上の初見は永禄四年（一五六一）であり、江戸時代の『甲斐国志』に「本州九筋ヨリ他国に通ズル路九条アリ（中略）、皆ナ酒折ニ路首ヲ発起ス」とあるように、酒折の地が、いわゆる甲斐九筋(くすじ)の起点と考えられていたのである。甲斐の九筋とは中世以前の古道をさし、信濃へは穂坂路(ほさかじ)・棒道(ぼうみち)・逸見路(へみじ)、武蔵へは秩父往還(ちちぶおうかん)・青梅街道(おうめかいどう)、駿河へは河内路(かわうちじ)・中道(なかみち)・若彦路(わかひこじ)・鎌倉街道(かまくらかいどう)（御坂路）が通じていた。酒折宮の地が甲府盆地を東西・南北に走る交通路の結節点にあたる要衝であったとみてよいであろう。

このように酒折の地をみるならば、宣長『古事記伝』の「若(もしく)は坂折の意か」と指摘するように、このサカは境界としての坂・界・境であり、オリはツヅラオリ（九十九折）などのオリで、複数の境界が重なりあう意と解釈する方が妥当ではないか。

酒折に近接する一帯では近年発掘調査が大規模に実施され、平野修氏は、次のように注目すべき指摘を行っている。

大坪遺跡は甲府市の東部の和戸町・桜井町などにまたがって所在し、その範囲は、東西約二キロ、南北約一キロにわたっている。大坪遺跡の周辺には、桜井畑遺跡などの集落遺跡や、七世紀段階から山梨郡家に近在する寺本廃寺へ瓦を供給した川田瓦窯跡や、国分寺造営期に新設された上土器瓦窯跡などが設置されていた。また大坪遺跡の東方約一キロの所を流下していた旧笛吹川と思われる埋没旧河道か

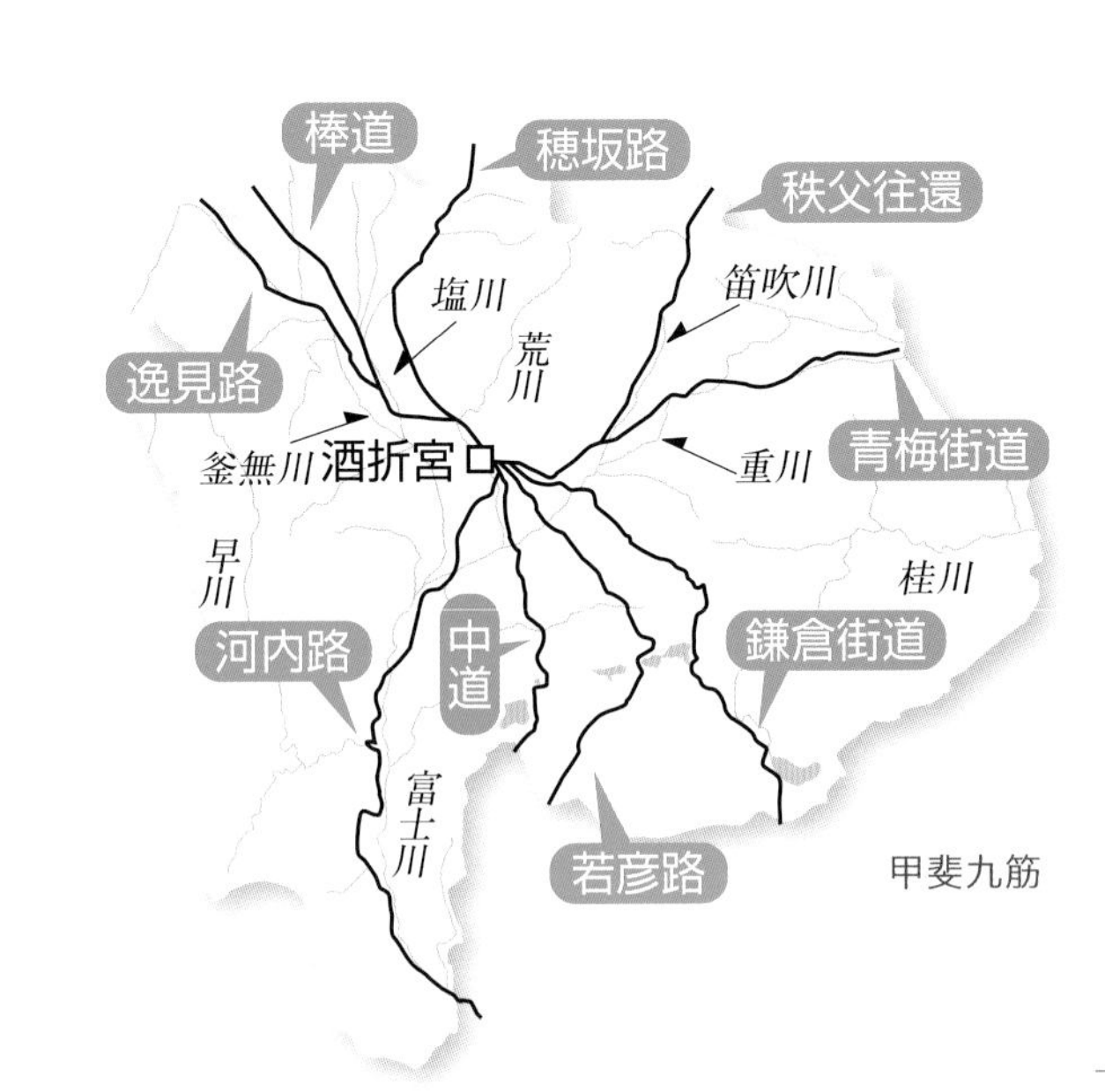

甲斐九筋

ら延びる運河状の溝遺構が、大坪遺跡あたりに合流していたと考えられる。

酒折宮に近接する大坪遺跡や川田遺跡群一帯は、東海道と東山道を結ぶ甲府盆地内の交通路の要衝に所在し、古代の官営工房群と工人集団が集まり、国府や地方豪族層と密接に結びついたエリアであった。しかも、大坪遺跡などが所在する酒折の地は、重要な陸上交通路だけでなく、笛吹川やその支流を利用した水陸交通の結節点にもあたっている。このような場所には、市や寺社なども含む「衢（ちまた）」が形成されていた。

道と道が行き合う所、それが衢（街・巷とも）である。チマタは、人が見知らぬ人と出会い、また親しい人と別離する場所でもあった。それとともに、チマタは外部から侵入して来る邪神・邪霊を食い止め、内部に入りこんだタタリ神を追い出す所でもあった。すなわちチマタは人びととともに、神々や精霊などの行き

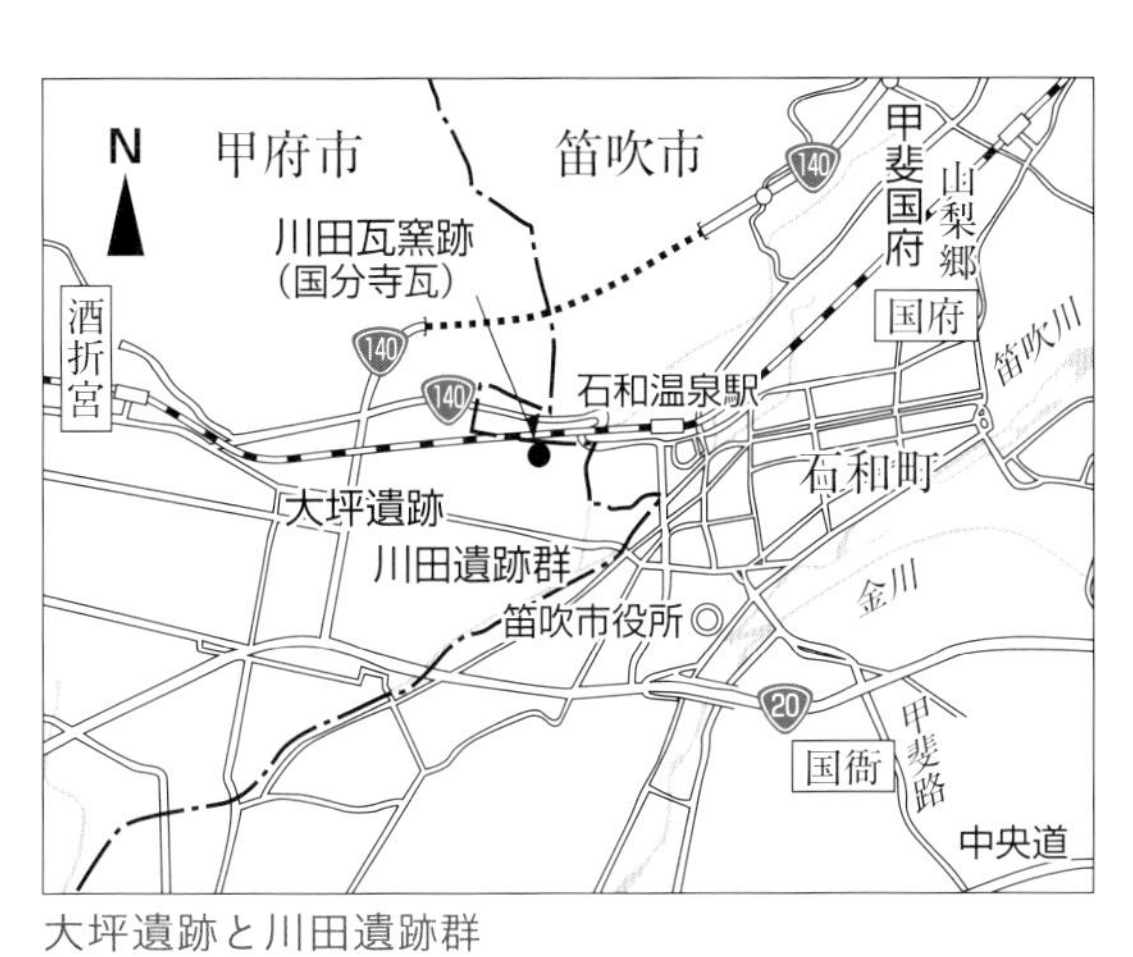

大坪遺跡と川田遺跡群

「道」と記された土器
（大坪遺跡出土、甲府市教育委員会蔵）

交う場所でもあった。

都においても、道饗祭（みちあえさい）などは京内や宮内に侵入してきた疫神（はやり病の神）や悪霊などをチマタで祀り、チマタから追放する祭りであった。七世紀代に都の置かれた飛鳥の地の軽市（かるのいち）のチマタや海石榴市（つばきのいち）のチマタでは、定期的に市がたち、海石榴市のチマタで歌垣（うたがき）（男女が市などに集まって互いに歌を詠みかわし舞踏して遊んだ行事）が催されたり、刑罰が行われ死刑執行される場でもあり、異国の使人を出迎え供応する場でもあった。

「チマタ」としての酒折の地

酒折の地は交通路の結節点、まさにチマタとみて間違いないであろう。飛鳥の軽のチマタには軽社という神社があるように、酒折のチマタに「酒折宮」が祀られていたのであろう。さらに重要な点は、酒折の地が祭祀空間や市などの商業地であるとともに、東海道と東山道を結節する軍事的な要衝の地でもあったのではないか。酒折は軍事的施設すなわち関所のような機能も備えられていた可能性もある。

そこで『日本書紀』の酒折宮伝承に、

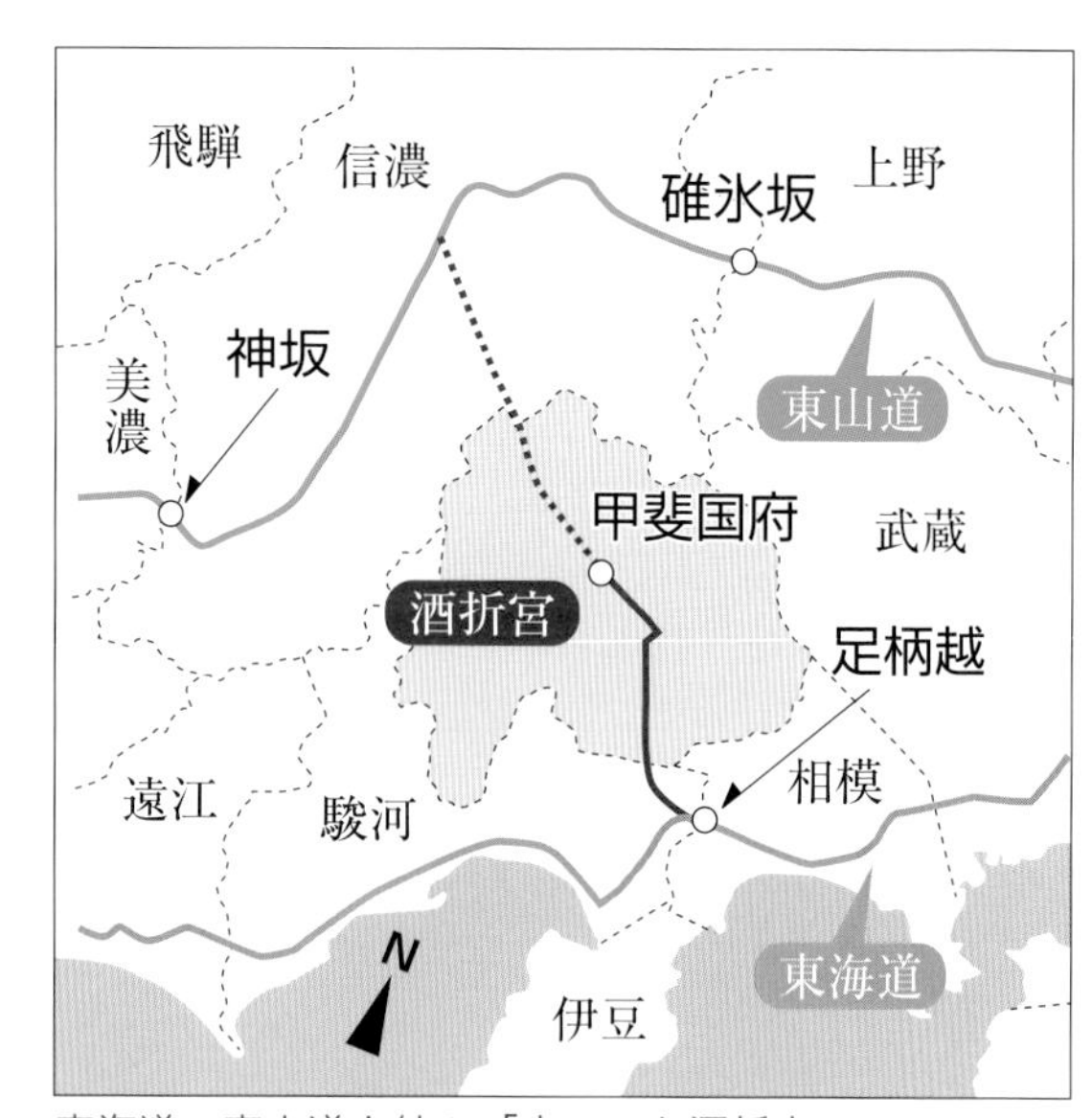

東海道・東山道を結ぶ「交い」と酒折宮

即ち秉燭人の聰を美めたまひて、敦く賞す。則ち是の宮に居しまして、靫部を以て大伴連の遠祖武日に賜ふ。

とある記載に注目したい。

靫は矢を入れて携帯する容器のこと、その靫を背負う武人が靫負・靫部であり、各地から上番してくる靫負・靫部を中央で管掌したのが大伴連である。ここでは、靫部を大伴連の遠祖である武日に賜ったとある。東北への入り口・白河関（福島県白河市）のある陸奥国白河郡の郡司（郡役人）になる有力な氏族は「靫大伴連」であることからも、軍事的氏族である「靫部」が酒折の地に存在したことは関所のような軍事的役割を担っていたと判断できる。

「御火焼の老人」の火は、神や天皇などに酒食を供献するための聖なる火であるとされているが、この伝承ではチマタ祭祀の神聖な火、そして関所の警護の燈りとも理解でき、どちらも「御火焼」という表現にふさわしい。

ヤマトタケルノミコト東征伝承に、「酒折宮」が『古事記』『日本書紀』ともに登場する最大の理由は、甲斐国が東海道と東山道を結節させる重要な役割を負

靫を背負い、武装した甲冑の武人
（古墳時代中期、復原、大阪府高石市教育委員会蔵）甲冑は黒姫山古墳、盾のモデルは大阪府和泉市和泉黄金塚古墳の出土品。矢を入れた靫を背負い、漆塗りの弓をもつ。

い、酒折の地がその結節するチマタであり、関所的機能をも担う軍事的施設としてヤマト朝廷がことさらに重視したからではないだろうか。

甲斐国の国名の由来についてはすでに触れたが、「甲斐（カヒ）」の語源については、近世以来、山と山の狭間（はざま）を意味する「峡（かひ）＝賀比・可比」であるというのが通説であったが、西宮一民氏によって「甲斐＝交ひ」説が新しく提示され、他界と現世の「交ひ」の国と解釈された。しかし、国名は日本列島におけるヤマト朝廷と各地域の支配関係を十分に反映して行政的に決定されたものである。東海・東山両道の結節点が、酒折宮（坂折宮）に象徴される甲斐国であった。この東国支配における重要な結節点の行政軍事上の役割こそが、「交ひ」、つまり甲斐国の原義であろう。そのことが後の甲斐国・山梨県の歴史・文化に大きな影響を与えたのではないか。

第一部
古代の交通・情報伝達

気仙地方と大伴武日伝承

豊かな資源と北方交易の拠点

ヤマトタケルの東征と大伴武日

東日本大震災は、いまだ復興への道は遠いが、そうした状況の中でも被災地の人たちは、みずからの地域の歴史文化が復興への大きな基盤となると考え、さまざまなとりくみを試みられている。津波によって壊滅的な被害を受けた岩手県陸前高田市の人びとに親しまれている伝説の一つが武日（たけひの）長者（ちょうじゃ）の話である。これは全国各地にのこる長者伝承の一つである。武日とは、ヤマトタケルノミコトの「東征」（関東・東北地方のヤマト政権に反対する勢力を征圧する事業）に副将格で随行した

↑大震災前の高田城から見た陸前高田市街地
↓被災後の市街地

東日本大震災前の高田城からみた陸前高田市街地と被災後の市街地（『未来へ伝えたい　陸前高田』2011年より）

大伴武日のことである。すでに紹介したが、『日本書紀』の酒折宮伝承に「即ち秉燭人（『古事記』の「御火焼の老人」）の聡を美めたまひて、敦く賞す。則ち是の宮に居しまして、靫部を以て大伴連の遠祖武日に賜ふ」とある。甲斐国の酒折の地は、東海道と東山道を結節する軍事的な要衝であり、ヤマト政権の軍事的氏族である「靫部」（靫は矢を入れて携帯する容器で、その靫を背負う武人が靫負・靫部）が警固にあたっていた。ヤマトタケルはその靫部を中央で管掌していた大伴連の遠祖（遠い先祖）である武日に賜ったという。『日本書紀』では、ヤマトタケルは陸奥国に入り、「蝦夷の境」まで進出したと記す。しかし、この「蝦夷の境」が、どこの地点を示すかは不明である。

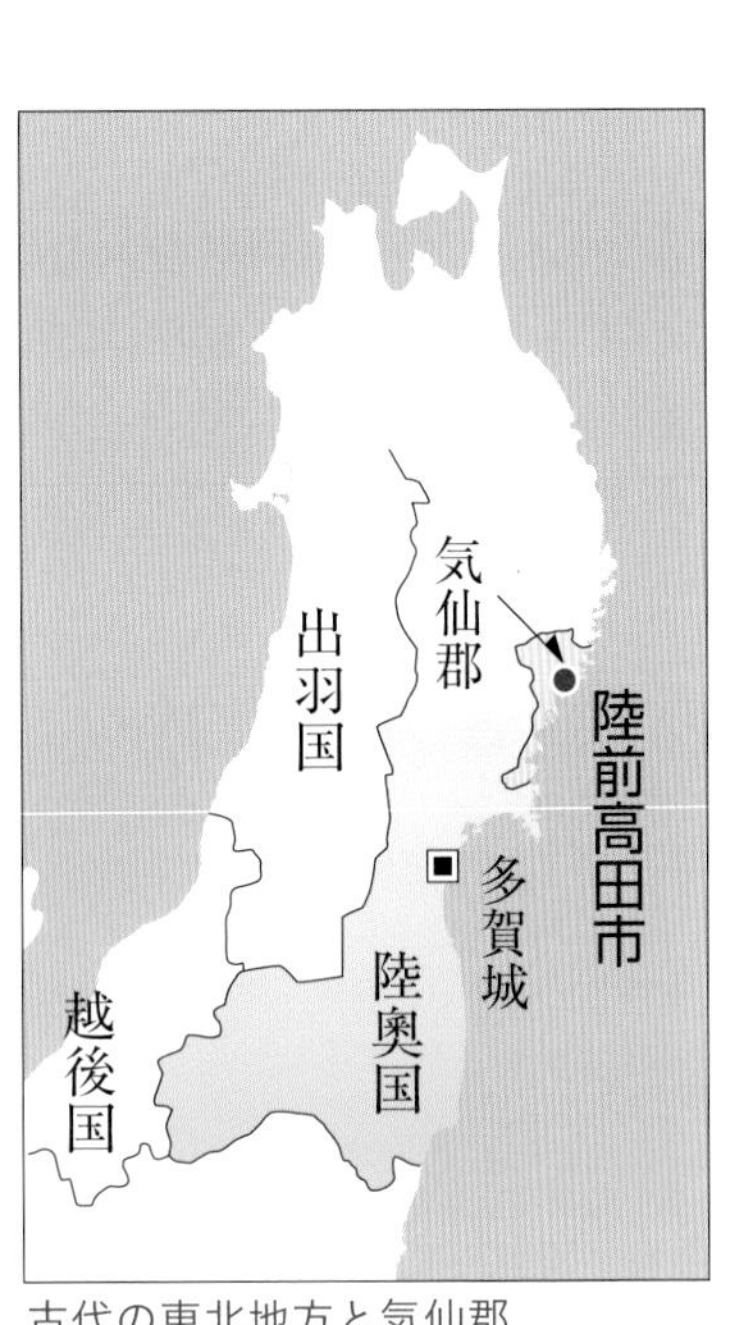

古代の東北地方と気仙郡

地元に伝わる武日長者伝承

「武日長者」伝承は、『陸前高田市史　第六巻　民俗編（下）』によると、次のとおりである。

（陸前高田市）高田町に鳴石（成住）というところがある。ここに「武日長者」と呼ばれる長者の邸があったと伝えられている。付近の古老たちの話によると、その昔、日本武尊東征のおり、副将であった「大伴武日」が、蝦夷平定後ここにとどまり、近辺一体を開拓して、奥州でも有名な大長者となったという。この武日長者には二人の娘があり、姉を朝日姫、妹を夕日姫といった。

用明天皇のころ、朝廷では諸国から采女（女官）を募ったことがある。「姿色艶麗の才女を求む」ということで、各地で厳選された結果、奥州では、気仙の武日長者の娘、朝日姫が選ばれた。朝日姫は、郷土の名誉をになって都へのぼることとなった。

ところが、旅の疲れから重い病にかかり、今の宮城県の北部、栗原郡梨崎村の姉歯の里で重態となり、この地で亡くなった。里の人びとは、哀惜の情絶ちがたく、これをねんごろに葬ってやった。

そこでこんどは、妹の夕日姫が、姉のかわりとして都に召し出されることとなった。夕日姫は、途中、姉の亡くなった姉歯の里に立ち寄り、その霊を弔うために、岩蔵寺という供養の寺を建て、「墓じるし」として、松の木を植えた。

この松を「姉歯の松」と呼んだ。現在なお、同地にはこの松が残っているそうだ。

『伊勢物語』に、「栗原やあねはの松の人ならば　都のつとにいざといはましを」という歌があるように、姉歯は、みちのくの歌枕として古来から有名だ。

また、陸前高田市の「武日長者の邸」とされる近辺には「糠の森」という三〇メートルあまりの丘があるが、これは、武日長者の富豪ぶりを物語るもので、長者の家で使用した穀物の糠や、灰がたまってできた丘だと伝えられている。

そこで、大伴武日長者伝承がなぜ、三陸沿岸の陸前高田市に遺されているのかを問わなければならない。

気仙地方の地理的特徴

陸前高田市付近の海岸線は、複雑な鋸歯状のリアス式海岸で、市の東側の広田半島が南東方向に大きく突き出し、広田湾を形作っている。古代（奈良・平安時代）の遺跡群も、北上高地の東南部にあたり、氷上山（八七四・七メートル）より南にのびた二つの丘陵に挟まれた海抜一〇メートルほどの低地帯に小泉遺跡を中心に分

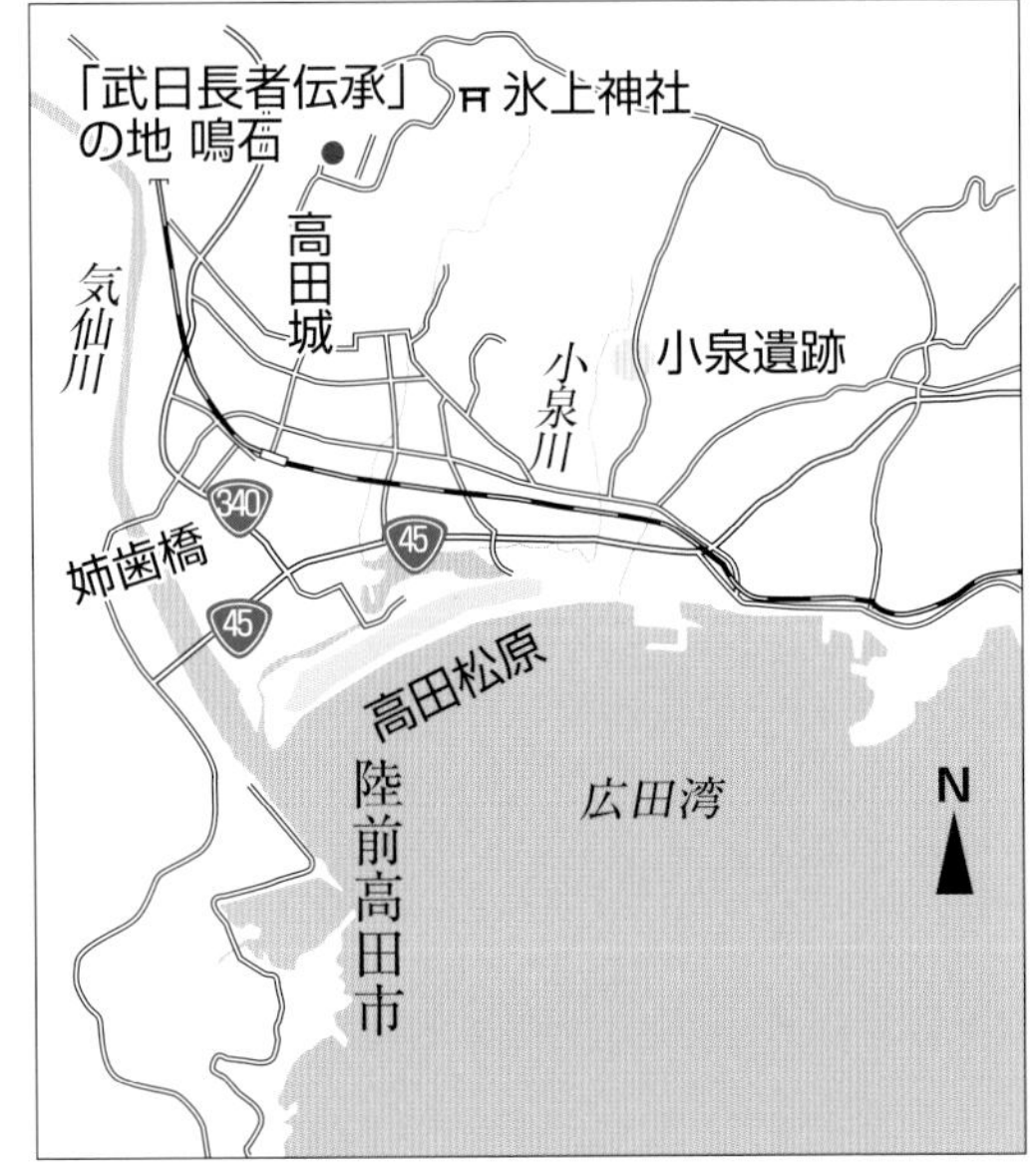

岩手県陸前高田市・広田湾と市中心部（震災前）
姉歯橋は、朝日姫・夕日姫が都に赴く際に渡っていったと伝えられる。

「厨」と記された土器
（小泉遺跡出土、陸前高田市立博物館蔵）
気仙郡の中心的官衙跡である小泉遺跡で出土した。「厨」は役所の酒饌の弁備などを行う施設。

布する。氷上山には理訓許段神社・登奈孝志神社・衣太手神社の古代気仙郡内の延喜式内三社すべてが鎮座し、麓に仮宮の氷上神社がある。このことから氷上山麓の奈良・平安時代の遺跡（小泉遺跡など）は、気仙郡の中核的拠点に深く関わるものと考えられる。

ところで『日本後紀』弘仁元年（八一〇）十月条には「渡嶋の狄（北の蝦夷のこと）二〇〇人あまりが気仙郡に来着した」とある。津軽海峡を挟み、津軽の北と北海道南地域に住むのが「渡嶋の狄」とされている。「渡嶋の狄」は陸奥国の所管ではないので、来着した狄二〇〇余人を帰還させようとした。ただ狄らが、今は寒い季節で海路を越えがたいので、来春をまって、渡嶋の地に帰りたいと願い出て許されている。この「渡嶋狄二〇〇余人」という大勢の人びとは、無目的に気仙郡に寄港したのではなく、当初から気仙郡を目指して、渡航を計画したと考えるべきであろう。

気仙地方は、時代は下るが、鎌倉中期の『源平盛衰記』に産金の地として描かれている。これによれば、平重盛（清盛の長子）は、気仙郡を含む奥州を知行していた。この気仙郡から金一三〇〇両が重盛に届けられ、唐人の妙典に託した。そこで、一〇〇両を妙典に与え、二〇〇両を中国浙江省の育王山の僧に施し、一〇〇〇両を皇帝に献じさせたという。

古代の気仙地方は、金のほか、鉄などの鉱山物資源と漆、さらには昆布などの海産物資源に恵まれ、そのうえリアス式沿岸の中で広田湾という良好な港を有していた。

北方交易品（アザラシの皮・オオワシの羽）

その優位な条件のもと、北方交易によって貴重な北の産物、羆(ひぐま)の毛皮・アザラシなど海獣の皮・オオワシの羽なども集積できたであろう。豊かな資源と北方交易の拠点を目指して「渡嶋の狄」も来航したのではないか。

地域社会の基盤としての武日伝承

また、この気仙地方の中核拠点が中央権力者の憧憬の対象であったことは容易に想像できるであろう。ヤマトタケルノミコトの東征伝承は「蝦夷の地」におよんでいる。中央政府は気仙地方の中核・陸前高田の地を、東北北部、とくに沿岸地方の行政・軍事上の重要拠点と位置づけていたことが、ヤマトタケルノミコトの東征の副将格の大伴武日の伝承がこの地に遺った大きな要因であろう。

三陸沿岸の地に居を構え、豊かな資源に恵まれ、時には大きな災害に襲われても、この地に生活を営みつづける人びととの交流を通じて、あらためて地域の歴史・文化がその地域社会の基盤となっていることを強く感ずる。

「酒折宮の謎」を解き明かす折に、大伴武日の存在に着目し、陸前高田市復興支援活動で地元の方から「武日長者伝説」のことを教えていただき、私なりの解釈を得たので、近いうちに陸前高田市の皆さんに報告したい。

〔付記〕本項初出後に、その後の研究成果をふまえて、以下の報告を現地にて行った。

・「躍動する古代の気仙地域」
　文部科学省科学研究費助成事業・基盤研究（B）「気仙地域の歴史・考古・民俗学的総合研究」（研究代表・石川日出志）による市民向け報告会「歴史・考古・民俗学から気仙地域の魅力を語る」（二〇一五年二月十五日、陸前高田市立横田基幹集落センター）

・「大伴氏と気仙地方　黄金と矢羽根を求めて―甲斐国一宮浅間神社蔵「古屋家家譜」から―」
　文部科学省科学研究費助成事業・基盤研究（B）「東北太平洋沿岸地域の歴史学・考古学的総合研究」（研究代表・七海雅人）による市民向け報告会「歴史・考古学から本吉・気仙地域の魅力を語る」（二〇一九年二月二十四日、気仙沼中央公民館）

なお、大伴氏の東北地方北部沿岸の活動状況についての「古屋家家譜」からの考察は、本シリーズ第一巻『地域に生きる人びと』の第三部収載「大伴氏の広域活動」をご参照いただきたい。

第二部

馬と渡来人

貴重な財産であった古代の馬

厳重な管理下の馬と運搬集団

馬の売買

近頃、「博労（ばくろう）」という言葉を耳にしない。博労は「馬喰」とも書き、馬の良し悪しを鑑定する人のこと、また馬を売買・周旋する人をいう。

古代社会において、馬はきわめて貴重な動物であり、財産であった。馬の売買に関する木簡が東国と並ぶ馬の産地・東北の地でも出土している。福島県いわき市荒田目条里（あっためじょうり）遺跡出土の木簡には次のように記載されていた。

□買上替馬事
　赤毛牝馬 歳四 駮无　直六百（束）

陸奥国磐城郡（むつのくにいわきぐん）の郡役所が馬を買い替えることになり、買い上げた馬は赤毛の牝馬（めすうま）、四歳馬、「駮无」は

馬の売買を記す木簡
（荒田目条里遺跡出土、いわき市教育委員会蔵）
馬の年齢・身体的特徴を記している。

「しるしなし」すなわち目印になるような特徴的なものがないという。法令で牝馬は四歳になると、交尾し、増殖することを義務づけられており、その価格も高い。その買値は稲六〇〇束（一段あたりの収量が中田で四〇束）である。当時の駅馬（えきば）の法定価格をみると、陸奥国は上馬六〇〇束・中馬五〇〇束・下馬三〇〇束。甲斐国は上馬四〇〇束・中馬三五〇束・下馬三〇〇束である。荒田目条里遺跡木簡の「六百（束）」は上馬の価格と合致する。ちなみに正倉院文書によると、駿河国（するがのくに）では中馬四五〇束〜下馬二五〇束ぐらいで買い求めている。また古代において牛馬とならぶ財産であった奴婢（ぬひ）の場合、当時の文書によると二四歳の奴（男性）は九〇〇束、一九歳の婢（女性）は一〇〇〇束で買い上げられている。

馬は役所で厳重に管理

当時、貴重な馬の管理は厳重をきわめ、役所ではつねに保有している馬の数と逃げた馬や見失った馬を一匹一匹記録していた。宮城県多賀城跡（たがじょうあと）出土木簡によると、「失馬文（ふみ）」という文書を何通か貼り継いで巻物仕立で保管していたこともわかる。

通常の木簡は三〇センチ程度であるが、平城京から一メートルの長大なものが発見された。その札は大和と山城を結ぶ道路の大和側の玄関口にあたるところに立てられ、頻繁に往来する人たちに知らせた告知板である。

「告知　往還諸人　走失黒鹿毛牡馬一匹（在験片目白／額少白）
　件馬以今月六日申時山階寺南花園池辺而走失也
　若有見捉者可告来山階寺中室自南端第三房□
　　　　　九月八日　」

告知札（平城京出土、奈良文化財研究所蔵）
山階寺（興福寺）の僧が、南花園池（猿沢池）のあたりで失った馬についての情報提供を道行く人びとに求めている。
（長さ99.3×幅7.3×厚さ0.9㌢）

この告知札は、山階寺（興福寺）の中室に住む僧侶の届け出にもとづいて、南花園池（現在の猿沢池）付近で逃げた馬についての情報提供を往来の人に求めたものである。逃げた馬は黒鹿毛の牡馬、「験在り」すなわち馬の特徴を「片目白、額少白」と記している。

焼印を押して管理

そうした馬の逃亡や盗難などの対策として、馬の髀に各牧独自の焼印を押していた。規定では、放牧している官馬の場合は二歳に達すると国司・牧長が立会って焼印を馬の左髀に押すこととされていた。御牧（勅旨牧）は「官」字の焼印を用いる牧と、それ以外の文字の印を用いる牧の二種の系統に分類されている。

焼印の典型例として知られているのが、「一遍聖絵」（一二九九年成立）の京都北野千本釈迦堂付近の場面で、馬の左ではなく右髀部分にはっきり「有」と押された白馬の姿が描かれている。一二世紀、岩手県北部から青森県東半部の地域にかけて建郡された糠部郡は、一戸から九戸に分けて統治された。これらの地域には牧が置かれ、飼育された馬を税として納める制度があった。この焼印「有」はその糠部馬の代表的なものとして押されることになっていた。

甲斐国の穂坂牧では、馬の焼印は「栗」を左（髀）に押すことと定められていた。この「栗」の字が古代の巨麻郡栗原郷を指すことは間違いないであろう。一九九四年（平成六）、上野原市狐原Ⅰ遺跡の発掘調査で鉄製焼印「山」が発見された。焼印は重さ九五グラム、太い針金状のものをねじり合わせて作り上げられている。「山」の字は、肉筆の柔らかい書体をそのままに焼印として仕上げられている。桂川北岸に張り出した河岸段丘上の狐原で放牧されていた馬の左髀には焼印「山」が押されていたのではないだろうか。

焼印「有」が押された白馬
（「一遍聖絵」巻七、東京国立博物館蔵）

「山」の焼印
（狐原Ⅰ遺跡出土、上野原市教育委員会蔵）

琵琶湖と馬による運送集団の活動

中世から近世にかけて馬の背に荷物を乗せて運搬した運送業者を「馬借」と呼んだ。馬借は越前国敦賀（福井県敦賀市）、近江国大津、坂本（滋賀県大津市）、山城国山崎（京都府乙訓郡大山崎町）、大和国八木（奈良県橿原市八木町）など、水陸交通の接点や街道沿いの地を拠点とし、船で運ばれてきた物資を京都や奈良の都へ搬入した。

この馬による運送専門集団の活動はすでに古代から始まっていたのではないか。古代の駅馬（えきば・はゆま）は役人が公務のための乗り継ぎ用に各駅に置かれた馬である。

まず、琵琶湖と東山道の交わる地を舞台にみてみると、滋賀県の琵琶湖の南東部、野洲市西河原森ノ内遺跡から出土した木簡が注目される（21頁の図版・釈文参照）。

読み下し文

「椋直伝ふ。我が持ち往し稲は、馬を得ざるが故に、我は反り来る。故是に汝卜部、自ら舟人を率いて行くべし。其の稲の在り処は　衣知の評　平留五十戸の旦波博士の家」

本来、琵琶湖の北東、「平留五十戸（里）」（彦根市）地方から馬の背に稲をのせて東山道を南下し、物資集積地・野洲郡に運ぶ予定であったが、馬を調達できなかったので、琵琶湖を舟で運ぶこととしたという

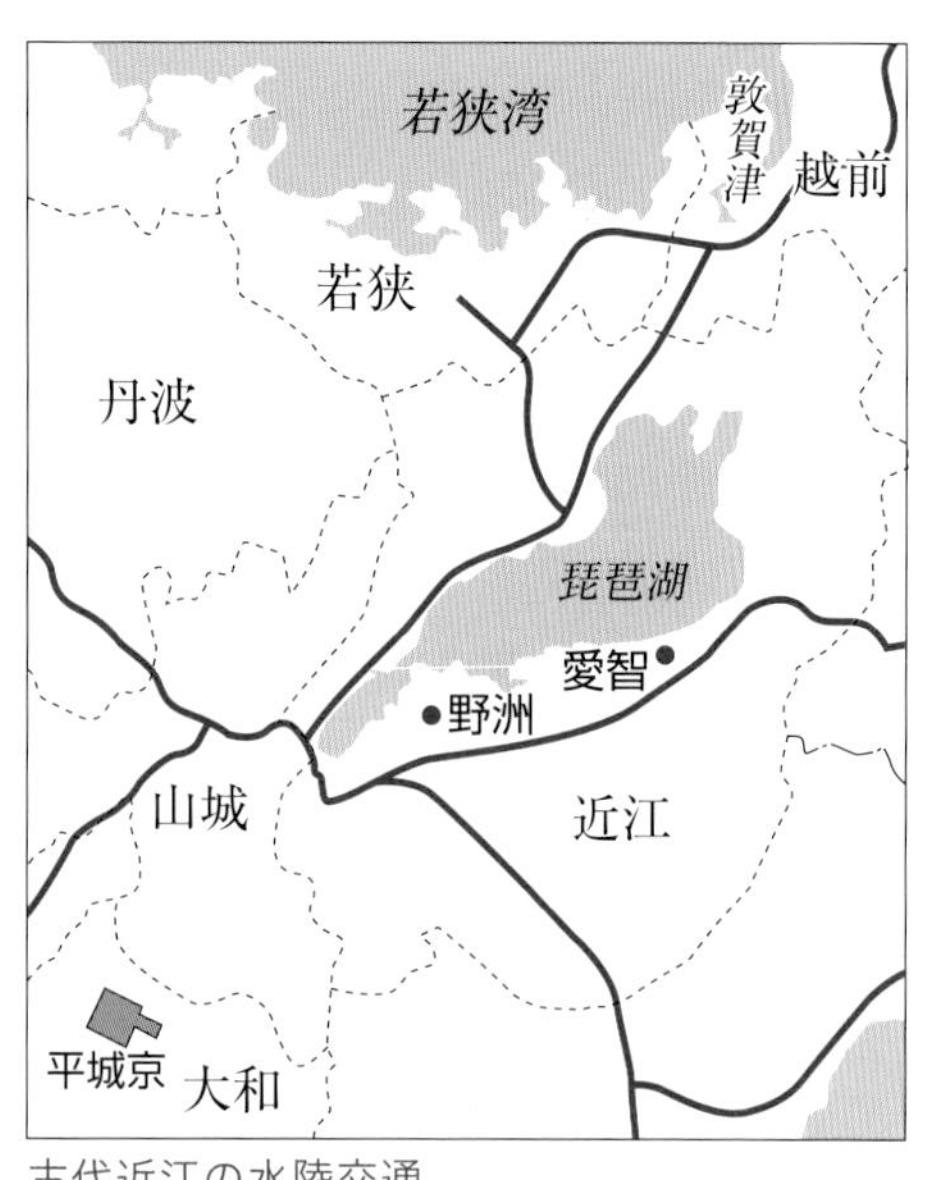

古代近江の水陸交通

のである。

日本最大の湖である琵琶湖を擁した近江国は、列島の東の国々の出入口であった。北陸道・東山道・東海道のすべてが湖の周囲を走っていた。その琵琶湖の南東部に近江富士と呼ばれる三上山(みかみやま)がそびえ、野洲川河口と東山道の結節点に「馬道里（郷）」がある。「馬道里」の地には、式内社「馬路石辺(いそべ)神社」が現在も古代東山道沿いに鎮座している。「馬道」も「馬路」も「うまみち」と呼ぶ。西河原遺跡木簡群からは、この「馬道里」には、「馬道首(おびと)」とウジ名を呼称する人びとが数多く住んでいたことがわかった。

水陸交通の要所と馬を用いた運送集団

しかし、この琵琶湖畔の「馬道」資料のみではその意義を明らかにすることはできなかったが、二〇〇六年、島根県出雲市山持(ざんもち)遺跡の発掘調査で、次の木簡が出土し、古代の馬による運送集団の実態がみえてきた。

安□　倉益　　馬道マ殿
部領倉長殿
吉野　倉□　　福丸　□又丸
倉兄　丸　宇丸倉兄×　男丸
常吉　□　定吉　門丸□

（長さ（三八・一）×幅八・二×厚さ〇・九センチ）

大海（日本海）
出雲郡
入海（宍道湖）
山持遺跡
斐伊川
N

古代出雲の水陸交通

山持遺跡木簡は、部領（運搬責任者）の「倉長殿」「馬道マ（部）殿」（木簡の記載者が責任者二名を「殿」と敬称している）の二名がそれぞれ数名を引き連れて、おそらく米を運送してきた時の人夫を列記した帳簿であろう。山持遺跡は、宍道湖・斐伊川と官道の水陸交通の要衝付近にあった。「倉長」は米倉の管理責任者であり、「馬道部」は、近江国の野洲川と東山道の結節点に居住している「馬道首」集団と同じ職務を担う者であろう。「馬道部」も「馬道首」もその名のとおり、水陸交通の要所で水上から荷上げした荷物を馬の背に乗せて官道を運送した集団であろう。馬を飼育する集団は「馬飼（部）」と称し、水陸交通の交わる要所に馬を常備し、運搬を専業とする集団が「馬道」と名乗ったのである。古代社会において、すでに中世・近世の「馬借」の前身のような事業集団が活動していたのではないか。

甲斐国の駅路に水市・河口・加吉の三駅があり、そのうちの河口駅および「船津」（現河口湖町船津）は河口湖と官道の結節点にあるので、その付近には「馬道」集団の存在も十分に想定することができるであろう。

中世の馬借
（「石山寺縁起絵巻」模本、東京国立博物館蔵）
運送途中、大津の浦で馬方が荷を直している。

第二部
馬と渡来人

馬の戸籍の発見
公私と軍事のための帳簿

馬にも戸籍があった

古代日本社会において馬がいかに大切な動物であったかをみてみたい。二〇一二年の古代史最大の発見は、九州太宰府市国分松本遺跡から出土した七世紀末日本最古の戸籍を記した木簡であった。教科書でもよく知られているように、天智天皇九年（六七〇）庚午の年にはじめて全国的な戸籍として庚午年籍がつくられ、六九〇年（庚寅の年）に持統天皇の命により、庚寅年籍が作成され、以後六年ごとに戸籍がつくられることとなった。

太宰府市から出土した七世紀末の木簡は、この庚寅年籍作成後の各戸の異動を記し、「嶋評」（現在の福岡県糸島市・福岡市西区、「郡」を七世紀には「評」と表記した）から大宰府・筑前国府に提出したものである。これまでは、戸籍そのものは奈良正倉院に遺る大宝二年（七〇二）の御野国（岐阜県）戸籍と筑前・豊前国（福岡・大分県）戸籍が最古の戸籍であったが、地下から七世紀末の戸籍木簡が登場したのである。学界待望の資料だけにビッグニュースとなったことは当然といえよう。

馬の戸籍木簡
（国分松本遺跡出土、太宰府市教育委員会蔵）
関係の板を束ねた上にのせた内訳の板。

ところで、この日本最古の戸籍木簡の陰に隠れてしまったが、この時もう一つの注目すべき木簡が出土した。これがまた、日本最古の「馬の戸籍」ともいうべきものである。

竺志前國嶋評　私牝板十六枚　目録板三枚　父母方板五枚　并廿四枚
（長さ三二・三×幅四・三×厚さ〇・五センチ）

竺志前国（つくしのみちのくちのくに）（筑前国の古い表記）嶋評が筑前国府に提出した木簡（板）で私牝（しひん）一六枚・目録三枚・父母方五枚あわせて（合計）二四枚と書かれている。二四枚の板を束ね、その上に内訳を記したこの木簡をのせて提出したのであろう。この木簡の年代も七世紀末ころのものである。

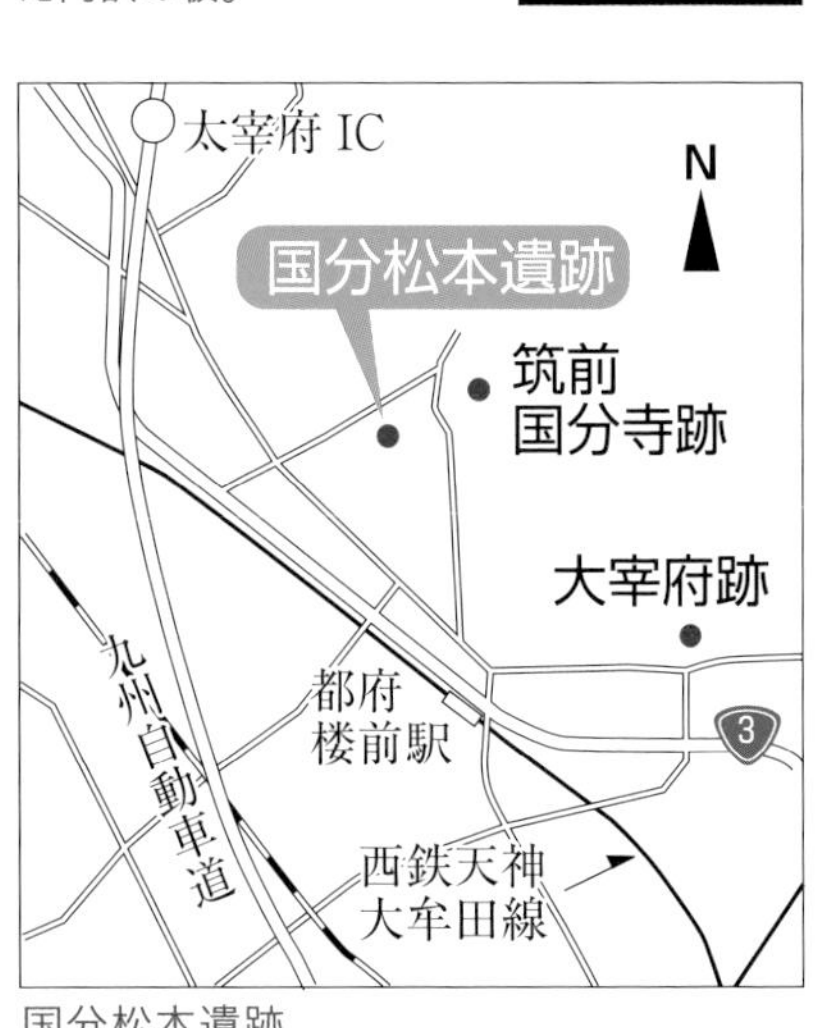

国分松本遺跡

馬が公有・私有かを区別

ここで問題は、私牝板と父母方板とは何か。正倉院文書の中に、天平六年（七三四）の出雲国から奈良の都の中央政府に提出した一年分の書類の一覧が遺っている（「出雲国計会帳」）。馬関係の帳簿は、「種馬帳一巻」「繋飼馬帳一巻」「伯姓牛馬帳一巻」「兵馬帳一巻」などとある。これらの馬関係といっしょに提出された刀や弓・矢などの武器（器仗）帳簿として「官器仗帳一巻」「伯姓器仗帳」が並記されていることから、武器の所有が官（公）と伯姓（私）に区別されていることから、「伯姓牛馬帳」は私有の牛馬帳であることがわかる。また、同じ天平六年上野国の役人がおそらく都周辺で入手した繁殖のための「父馬十匹」（父馬＝種付け馬）を引き連れて本国へ下向している（「尾張国正税帳」）。

実際、東北地方の行政・軍事の中心である多賀城下の遺跡から次のような木簡が出土している。

・千葉郷私馬失五□〔匹カ〕
・延暦十一年四月五日□

（長さ（一〇・四）×幅一・七×厚さ〇・二センチ）

この時、公私を明確に示すためか「私」の文字を左に寄せて（おそらく「公」の場合、右寄せ）記載していることも興味深い。

千葉郷は下総国千葉郡内の郷名（現在の千葉市）である。その千葉郷からはるばる多賀城に来た馬が、私有であり、五匹逃走したか見失ってしまったことを報告しているのである。さきの出雲国が中央に提出した「伯姓牛

「私馬」木簡
（市川橋遺跡出土、多賀城市教育委員会蔵）

馬帳」と同様の帳簿が下総国にも備わっていたのであろう。
この当時の法律家が馬の公私の帰属をめぐって、注目すべき論議をしている。その論議を要約すると次のようである。

今、私牧（個人所有の牧場）の牝馬が、官牧（官営の牧場）にやってきて遊牝（交尾）する。そして牝馬が私牧に戻って子を出産する。その子馬はもし母方に属するとすれば、私馬となるか。父方に属するならば、官馬となるか。法令では、牧の牝馬は、四歳で遊牝し、五歳から増殖の義務年齢となる。結局、法律家の解釈は、出産した子馬は増殖義務を負う母馬に帰属すべきであると判断されている。

このような状況を参照するならば、太宰府・国分松本遺跡の木簡の「私牝板」は私有の牝馬板（帳簿）一六枚、全体をまとめた目録板三枚、そして馬の父方母方を明記した五枚、総計二四枚を提出したと解釈することができるであろう。

一方、牡馬について、一〇世紀の史料によると、牡馬二五疋のうち、父馬一疋、蕃息（繁殖用）二四疋とあり、父馬＝種馬一疋、以下の二四疋の牡馬は種付けの際、牝馬の発情を促すためのいわゆる「当て馬」とされた。古代から優良馬は種馬として重用された。

古代の絵馬（市川橋遺跡出土、多賀城市教育委員会蔵）
鞍・手綱などを装着している。

馬の身体の特徴を把握して管理

ところで、驚くべきことに、本木簡に記載されている古代の嶋評内にあたる遺跡から「馬の戸籍」にもとづいて書かれたと思われる木簡が出土している。その福岡市西区元岡・桑原遺跡群木簡には「太寶元年辛丑十二月廿二日」とあり、太寶（宝）元年は七〇一年、干支は辛丑となる。内容は荷札であるが、役人と同行した馬について「歳六黒毛馬胸白」とあり、六歳馬、その身体的特徴を「黒毛馬、胸白」と記す。福島県いわき市荒田目条里遺跡では、九世紀代の木簡に、従来の所有していた馬に替わり、新たに「赤毛牝馬」を買い上げたことを記している。赤毛牝馬、四歳馬、「験无」は身体的特徴を特に記すほどのものはないとしている。ちなみに、当時の毎年作成された人びとの住民台帳（計帳）には、たとえば「出雲臣馬養、年参拾肆（三十四）歳　正丁（成人男子）　右頬黒子」などと身体的特徴が記されている。労働に徴発する時、逃亡した時、この身体的特徴を手がかりにするのである。

こうした身体的特徴は馬一頭一頭が戸籍に登録されていなければ記載できない。古代の人びとの最古の戸籍木簡と一緒にいわば、「馬の戸籍」が発見されたのである。これから読みとれることは、七世紀後半は古代国家の確立と、緊迫した東アジア情勢の中、まず人びとを戸籍に登録し、兵士を徴発するためや税をとる台帳として作成し、同時に、主に軍事と公務遂行の必要から「馬の戸籍」も作成した。まさに馬は「人並み」ということであろう。

甲斐国は「貢馬の国」、馬の管理体制は十分に整備されていたことであろう。貢馬の国の「馬の戸籍」もみてみたい。

馬の牧と渡来系氏族

馬飼いの技術と牧場の条件

神馬のふるさと

二〇一四年、山梨県立博物館では、古代以来、甲斐国が誇る馬の文化「甲斐の黒駒(くろこま)」展を開催した。

聖徳太子は良馬を求め、諸国に馬を献上するよう命じた。甲斐国では黒駒(黒い毛色の馬)で四本の脚が白い一頭を献上した。諸国から献上された数百頭の中から、太子はこの黒駒を指して「これこそが神馬(しんめ)である」と言ったという。ある時、聖徳太子は試みにこの黒駒に乗ると、雲間に浮かび、そのまま東へと飛び去った。三日ののち帰ってきた太子は次のように語った。「私はこの馬に乗って、雲を踏み霧を押しのけそのまま附神岳(ふじ)(富士山)の上にまで至った」と。この説話は、平安時代以降、神格化された太子が黒駒に乗って、霊峰富士を飛び越えるという壮大なモチーフで描かれている。

八世紀末から九世紀ごろ、甲斐国をはじめ、信濃・武蔵・上野の四国に朝廷へ馬を進上するための直轄牧場である「御牧(みまき)」が設置された。

天武天皇の孫である左大臣・長屋王(ながやのおう)の邸宅跡を一九八六年から八九年にかけ、発掘調査を行い、

（ご注意）

・この用紙は、機械で処理しますので、金額を記入する際は、枠内にはっきりと記入してください。また、本票を汚したり、折り曲げたりしないでください。

・この用紙は、ゆうちょ銀行又は郵便局の払込機能付きＡＴＭでもご利用いただけます。

・この払込書を、ゆうちょ銀行又は郵便局の渉外員にお預けになるときは、引換えに預り証を必ずお受け取りください。

・ご依頼人様からご提出いただきました払込書に記載されたおところ、おなまえ等は、加入者様に通知されます。

・この受領証は、払込みの証拠となるものですから大切に保管してください。

収入印紙
課税相当額以上
貼　　　付

印

この用紙で「本郷」年間購読のお申し込みができます。

◆この申込票に必要事項をご記入の上、記載金額を添えて郵便局でお払込み下さい。

◆「本郷」のご送金は、４年分までとさせて頂きます。

※お客様のご都合で解約される場合は、ご返金いたしかねます。ご了承下さい。

この用紙で書籍のご注文ができます。

◆この申込票の通信欄にご注文の書籍をご記入の上、書籍代金（本体価格＋消費税）に荷造送料を加えた金額をお払込み下さい。

◆荷造送料は、ご注文１回の配送につき500円です。

◆入金確認まで約７日かかります。ご諒承下さい。

振替払込料は弊社が負担いたしますから無料です。

※領収証は改めてお送りいたしませんので、予めご諒承下さい。

お問い合わせ　〒113-0033・東京都文京区本郷７―２―８
吉川弘文館　営業部
電話03-3813-9151　FAX03-3812-3544

この場所には、何も記載しないでください。

払込取扱票

02 東京

通常払込料金加入者負担

口座記号番号	00100-5-244
加入者名	株式会社 吉川弘文館
金額	※ 千 百 十 万 千 百 十 円
料金	
備考	

各票の※印欄は、ご依頼人において記載してください。

ご依頼人・通信欄

フリガナ	
※お名前	
郵便番号	電話
※ご住所	
※	

◆「本郷」購読を希望します

購読開始　　号より

1年 1000円（6冊）　3年 2800円（18冊）
2年 2000円（12冊）　4年 3600円（24冊）
（ご希望の購読期間に○印をお付け下さい）

日附印

裏面の注意事項をお読みください。（ゆうちょ銀行）（承認番号東第53889号）

これより下部には何も記入しないでください。

切り取らないでお出しください。

記載事項を訂正した場合は、その箇所に訂正印を押してください。

振替払込請求書兼受領証

口座記号番号	00100-5-244 (通常払込料金加入者負担)
加入者名	株式会社 吉川弘文館
金額	※ 千 百 十 万 千 百 十 円
ご依頼人	おなまえ ※　様
料金	日附印
備考	

この受領証は、大切に保管してください。

三万五〇〇〇点の木簡が出土し大きな話題となった。その中に邸内の馬司で馬の世話係として、馬を献上した甲斐・信濃・上野の国の人びとが働き食糧を支給されたと書かれた木簡があった。

また、七三八年の正倉院文書の「駿河国正税帳」（一年間の財政報告書）には、甲斐国から都に御馬を進上したことが記されている。同じく七三四年の「尾張国正税帳」によると、上野国の役人が父馬（種馬）一〇頭を都で調達し上野国の牧に連れて行き、良馬を生産しようとしていたことがわかる。これらの史料から、少なくとも八世紀前半から、甲斐・信濃・上野の国々が優秀な馬の産地であったことはまちがいない。

甲斐国の国守・甲斐守の初見は七三一年に任命された田辺史広足である。その広足が着任まもなく、体が黒く髪と尾が白い馬を朝廷に献上したところ、その馬が神馬であると認められた。朝廷は神馬の登場に沸き立ち、全国的に罪人を赦免したり、食糧を給付し、甲斐国の当年の庸、馬を産出した郡（何郡かは不明）の調も免除したりするなど、大がかりな褒賞をおこなった。

「御馬司信濃一口甲斐一口上野二口右〇」
（長さ二四・三×幅三・三×厚さ〇・四センチ）

長屋王邸の馬の世話をした各国の人々を記した木簡
（平城京長屋王邸出土、奈良文化財研究所蔵）

神馬を献上した田辺史という氏族

この神馬の献上が偶然ではなく、十分に演出されたものであることが、田辺史という氏族に注目すると明らかになることは、すでに『山梨県史』で指摘されている。田辺史は、河内国の安宿郡資母郷（現在の大阪府柏原市国分寺田辺の一帯）に本貫を置く渡来系氏族である。その始祖の田辺史伯孫については、『日本書紀』（雄略天皇九年七月一日条）に次のような話が伝えられている。

河内国古市郡の書首加竜に嫁いだ娘の出産祝いで娘婿の家に行き、月夜に帰る途中、誉田陵（大阪府羽曳野市にある全長約四三〇メートルの前方後円墳、応神陵古墳とされている）の下で赤馬に騎乗した人と出会い、その赤馬が竜のように走る快速の駿馬なのに驚き、自分の馬と交換してもらって喜んで家に帰ったが、翌朝その馬が土馬（埴輪の馬）に変わっていたという、有名な埴輪馬の起源説話である。

伯孫がこれに関係することは、田辺史氏が馬とのかか

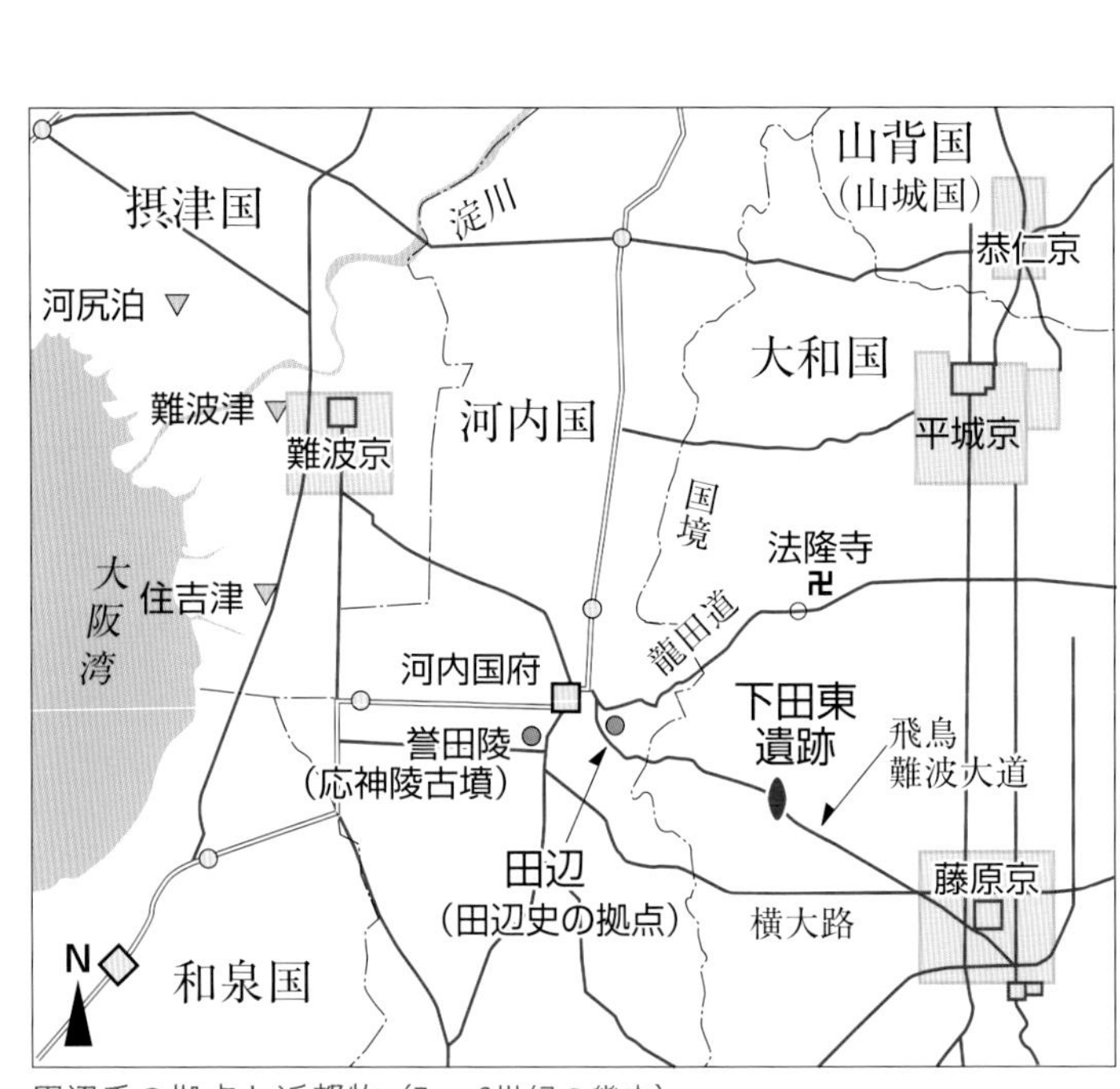

田辺氏の拠点と近都牧（7～8世紀の畿内）

わりの深い一族であったことを示している。このように、田辺史の一族は百済より渡来して河内国を本拠とし、馬飼いの技術でヤマト政権に仕えた渡来系技術集団とみられる。馬飼いの氏族は都の近くに置かれた牧（近都牧）を経営していたのである。

八世紀前半、朝廷はすでに良馬の産地となっていた甲斐国に、馬飼いの技術に長けた田辺史広足を甲斐守に任じた。その広足が着任早々に大殊勲をあげるというシナリオである。さらに甲斐国の良馬産出は、甲斐守・馬史比奈麻呂（河内国古市郡を本拠とした馬飼いに従事した渡来系氏族）に引き継がれた。このように古代日本において馬の飼育はもっぱら渡来系氏族が牽引したのである。

良馬生産の条件

いうまでもなく馬（騎馬文化）はモンゴルをルーツとし、朝鮮半島を経由して古墳時代中期（四〜五世紀）ごろに日本列島にもたらされた。古代国家の形成期において馬は軍事上だけでなく、権力の象徴として列島各地に急速に増産されていった。六世紀半ばの欽明朝、五五四年には、百済から易・暦・医博士を招き指導をうける代わりに百済に馬一〇〇頭・船四〇隻など、たびたび馬を送っているのである。

列島において飛躍的に良馬を生産できたのは、甲斐国をはじめ牧の立地に恵まれていたからであろう。牧の立地は主に次の三条件が知られている。

(1)河畔・島を利用した牧

牧は多くは河畔や島（三角州・中州など）に設けられた。河畔に拡がる氾濫原は、水辺に近く氾濫がくりかえされ地味が肥沃であるから草がよく育ち、牧草地に適している。島は牛馬の逃走を防ぐので周囲に柵がいらない。甲斐国の御牧の一つ真衣野牧は釜無川右岸に置かれた。

(2)火山麓を利用した牧

火山の裾野に広がる扇状地状の緩斜面は水の便もよく、広大な牧の設置に適している。甲斐国の穂坂牧は茅ケ岳の西麓、信濃国の山鹿牧・塩原牧は八ケ岳の西麓、上野の沼尾牧は赤城山西麓などに所在した。

(3)低い台地を利用した牧

低い台地の浅い浸食谷底には小川が流れ、一部に湿地もあり、開田もむずかしく空閑地になっていて、牧が設置しやすい環境にあった。

八ケ岳や茅ケ岳山麓などの大規模な牧で放牧された馬は、やがて都に貢進される。それらの馬は、都近くの摂津国・河内国などの台地上、または河畔などに設置された小規模な牧（近都牧）で調教され、

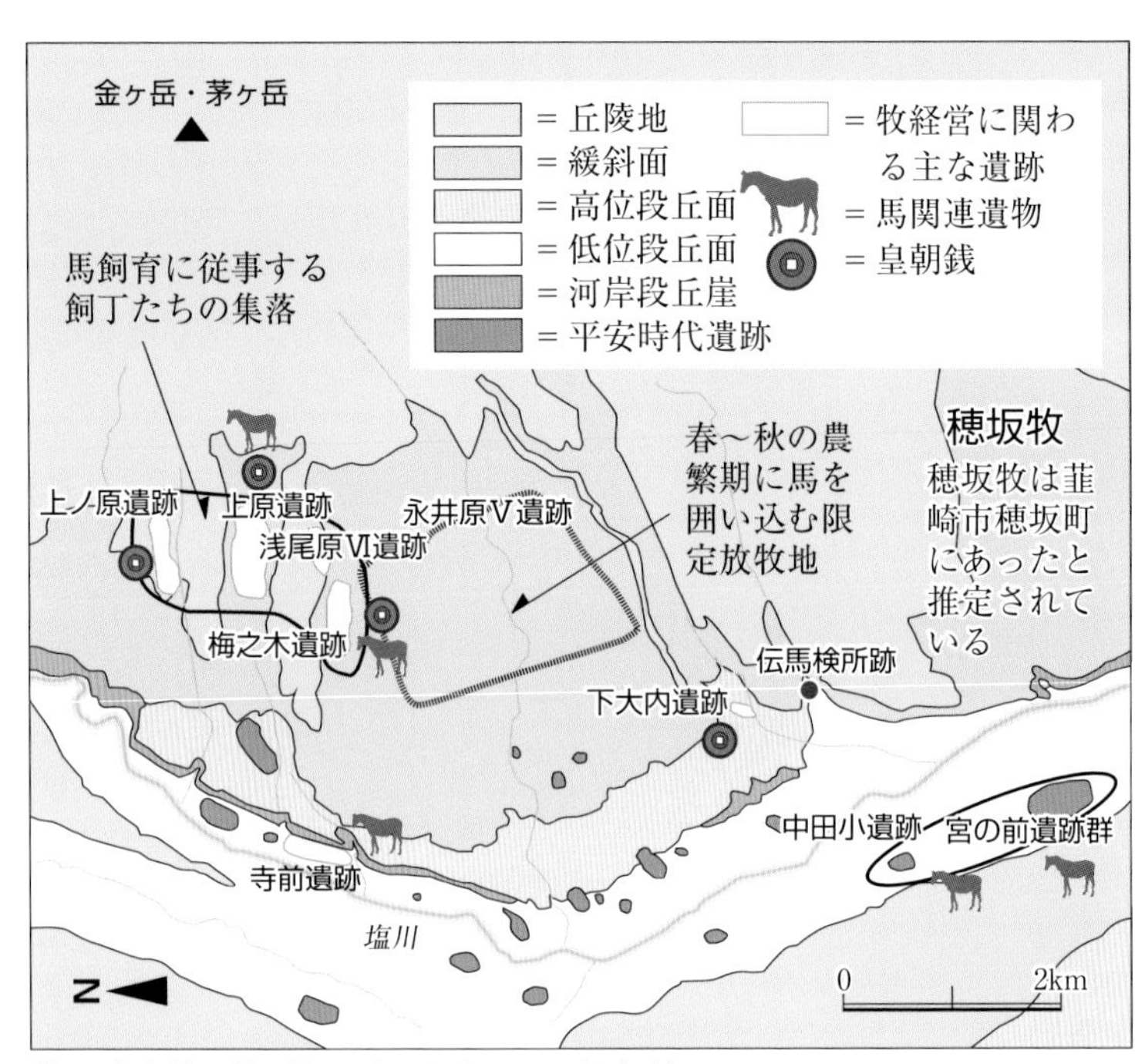

茅ヶ岳山麓の牧（佐野隆氏作成図を一部省略）

都の儀式などで使用されたのであろう。

都の近くの牧での調教

『延喜式』（平安時代の法令集）によると祭馬について次のように定められている。たとえば、祈年祭は毎年二月四日に神祇官および諸国の役所で五穀豊穣・国家の安泰などを祈る祭りである。そこで使用する祭馬一一頭は諸国から前年の十月以前に貢進され、そののち近都牧で放牧されて二月の祈年祭の祭馬にあてるのであるから、その間に近都牧で十分に調教されていたことがわかる。

この近都牧に関連する遺跡と遺物（木簡）が二〇〇五年に発見された。奈良県香芝市下田東遺跡は古代の大和国西部の河内国に接する葛下郡の地である。古墳時代、奈良、平安そして室町時代まで一貫してこの地の有力者の拠点であったこの遺跡から

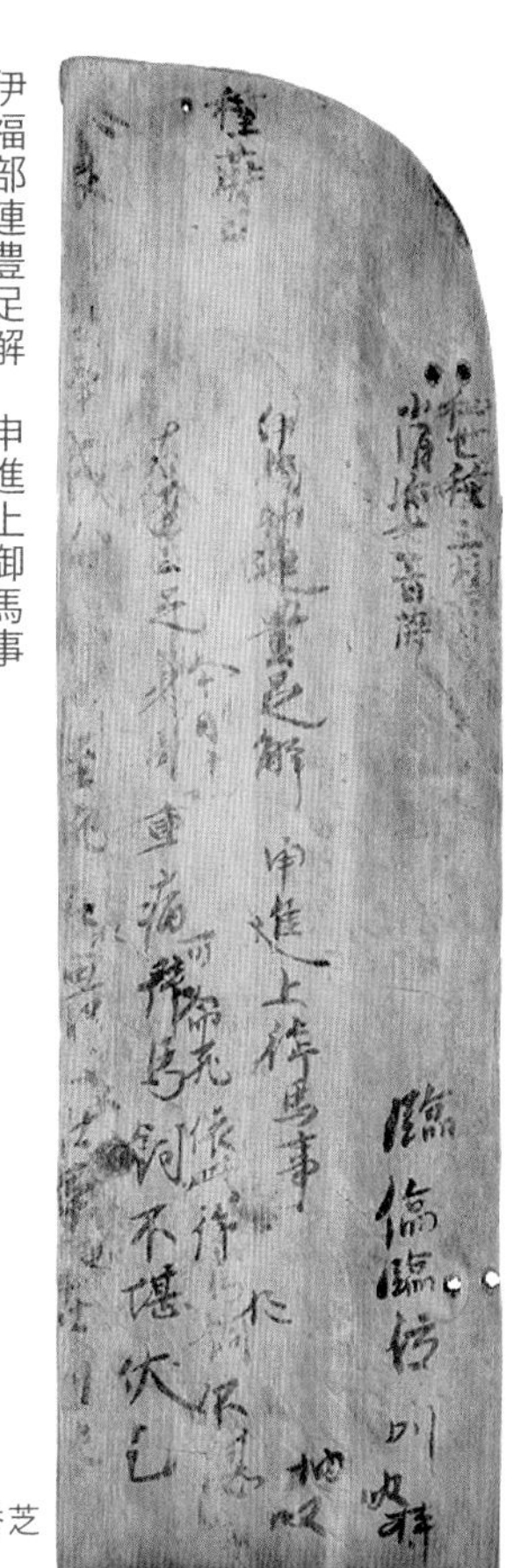

伊福部連豊足解　申進上御馬事
以　今月十　可命死依此御馬飼不堪 於
右依豊足身□重病御馬飼不堪伏乞
於畏公不仕奉成命□□至死在礼畏公不仕奉也在□□
＊釈文は御馬進上関係部分のみ

近都牧の馬飼育を示す木簡（下田東遺跡出土、香芝市教育委員会蔵）

出土した曲げ物の底板に記されたメモ書きに「御馬（みま）の飼育」のことが記されていた。

この有力者の名は「伊福部連（いおきべのむらじ）豊足（とよたり）」で、豊足は馬の進上に関する上申書を出すため下書きをしている。その内容は、豊足が重病を患ったため預かっている馬を飼育し進上することができないという詫び状に近い。上司に差し出す弁明書だけに何度も言い回しを推敲し、数文字の手習いも行っている。この地の近くに、先に述べた甲斐守・田辺史広足一族の拠点があり、田辺史も馬飼い集団の一翼を担っていたのであろうか。

第二部 馬と渡来人

馬を進上した甲斐国
広域行政の要所と渡来系氏族

古代広域行政区画の要所

山梨県立博物館は、二〇〇八年十二月十八日に韓国国立清州博物館（忠清北道）と学術交流協定を結んだ。山梨県と忠清北道は、一九九二年に姉妹道県提携協定を締結しており、二〇一二年は韓国の人びとから敬愛される県出身の浅川伯教（のりたか）・巧（たくみ）兄弟の映画「白磁の人」が公開されるなど、まさに日韓交流の新たな幕開けの時を迎えた感がある。

両地域は四方を山に囲まれ、海をもたない内陸部という共通した自然環境を有する。歴史をたどると、古代から朝鮮半島の文化は山梨の歴史にも大きな影響をもたらし、両者は深くかかわりあってきた。朝鮮半島と向かい合う九州・山陰と異なり、海に面していない内陸部の甲斐国が、なぜ古代朝鮮と緊密な関係をもっていたのか。まず古代国家がなぜ甲斐国を四郡のみの小規模な国として建置し、どのような役割を負わせたのかを問うことにする。

ヤマト王権は、日本列島に初めて統一国家を確立するとともに、中央政府からの命令が各地に伝達され各地の行政事務が中央政府に速やかに報告されることと、軍事上の必要性から七道制を実施した。都の置かれた大和を中心に、東は東海・東山・北陸道、西は山陽・山陰・南海・西海道を放射状に配したものである。これは単に道路網というだけではなく、広域行政区画でもある。

古代の甲斐国は行政的には東海道に属していたが、東山道、特に信濃国（長野県）、上野国（群馬県）との関係はきわめて密接で、東海道と東山道を結ぶ役割を担っていた。これこそが「交ひ」、すなわち甲斐国の原義であろう。

甲斐型土器が語る広域交流

一九八八〜八九年にかけて、長野県佐久市の北部、浅間山南麓の台地上の聖原遺跡が発掘調査され、甲斐国特有の土師器「甲斐型土器」が出土した。托鉢修行僧が各戸で布施される米や銭を受けてまわる鉄鉢を、甲斐型土器で模倣して表面を磨いて金属のような光沢を出していた。この仏具としての鉢に次のような文字が刻まれていた。

「甲斐国山梨郡大野郷戸主□□
　乙作八千
　此後与佛成為
　八千作願」

大野郷は現在の山梨市大野にあたる。古代において盥（洗面器）を「多良比＝たらひ（い）」と記すよう

ふりがな ご氏名	年齢　　歳　男・女
〒 □□□-□□□□ ご住所	電話
ご職業	所属学会等
ご購読 新聞名	ご購読 雑誌名

今後、吉川弘文館の「新刊案内」等をお送りいたします(年に数回を予定)。
ご承諾いただける方は右の□の中に✓をご記入ください。 □

注文書

月　　日

書名	定価	部数
	円	部
	円	部
	円	部
	円	部
	円	部

配本は、○印を付けた方法にして下さい。

イ. 下記書店へ配本して下さい。

(直接書店にお渡し下さい)

(書店・取次帖合印)

書店様へ＝書店帖合印を捺印下さい。

ロ. 直接送本して下さい。

代金(書籍代＋送料・代引手数料)は、お届けの際に現品と引換えにお支払下さい。送料・代引手数料は、1回のお届けごとに500円です(いずれも税込)。

＊お急ぎのご注文には電話、FAXをご利用ください。
電話 03－3813－9151(代)
FAX 03－3812－3544

料金受取人払郵便

本郷局承認

3864

差出有効期間
2022年7月
31日まで

郵便はがき

113-8790

東京都文京区本郷7丁目2番8号

吉川弘文館 行

愛読者カード

本書をお買い上げいただきまして、まことにありがとうございました。このハガキを、小社へのご意見またはご注文にご利用下さい。

お買上書名

＊本書に関するご感想、ご批判をお聞かせ下さい。

＊出版を希望するテーマ・執筆者名をお聞かせ下さい。

お買上書店名　区市町　書店

◆新刊情報はホームページで　http://www.yoshikawa-k.co.jp/

◆ご注文、ご意見については　E-mail:sales@yoshikawa-k.co.jp

に、「八千」は仏具の「鉢（はち）」のこと。「甲斐国山梨郡大野郷の人」が、成仏せんと願って「八千」を作ると記されており、山梨郡の人が、浅間山南麓の有力者と交流していたことを物語っている。

甲斐国が東海道と東山道とを結ぶ役割を果たしたとすれば、これと同様なのが飛驒国（岐阜県）である。飛驒国は東山道からの支路により北陸道と結節されている。甲斐国は四郡、飛驒国も二郡からなる小規模な国として設定されていた。

交通上の役割に加えて、飛驒国はきわめて特殊な負担を課せられた国でもある。飛驒国の人びとは、通常の調庸（税）が免除される代わりに、里ごとに成人男子の木工一〇人を貢進していた。この木工が都の宮殿や寺院などの造営事業に従事したため、飛驒国は「匠丁の国」といわれ、後世まで「飛驒匠」とその名をとどろかせている。

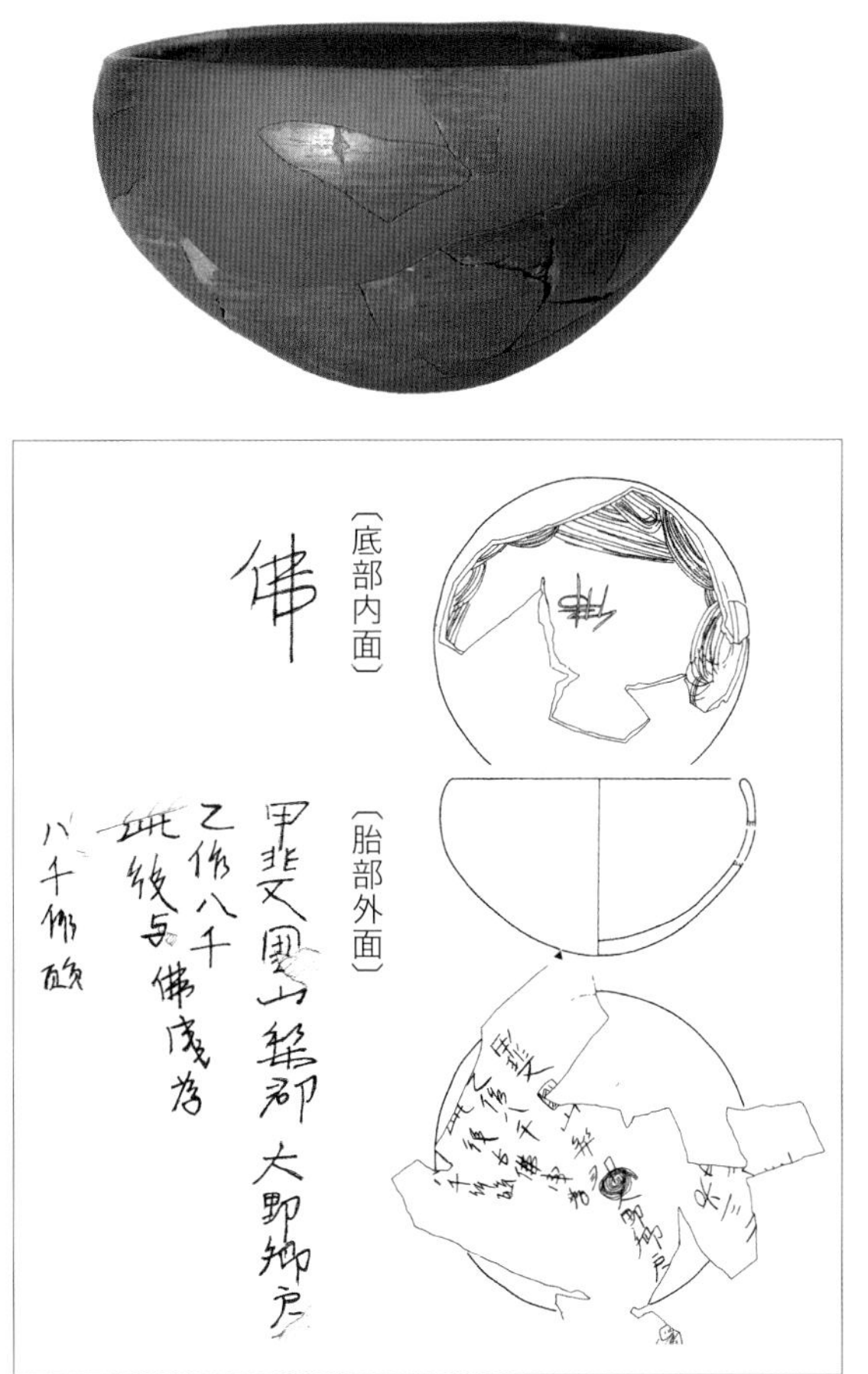

聖原遺跡出土の鉄鉢形（甲斐型）土器（佐久市教育委員会蔵）

「貢馬の国」・甲斐国

飛騨国が「匠丁の国」とすれば、甲斐国は「貢馬の国」といえる。平城京内の長屋王邸跡から出土した木簡によれば、八世紀初めには甲斐国出身の人物が長屋王邸の馬司（馬を管理する役所）に出仕していた。また正倉院文書には、甲斐国から都に馬を進上したと記してある。一〇世紀に成立した『延喜式』には、朝廷が直轄する牧場（御牧）を甲斐・武蔵・信濃・上野の四ヵ国に設置したとある。甲斐国は国の規模「郡数」に比較して、進上する馬の数が圧倒的に多いことも「貢馬の国」と呼ぶにふさわしいのではないか。

『日本書紀』応神天皇十五年八月六日条に「百済王が阿直岐という人物を遣わし、良馬二匹を進上した。軽の坂上の厩で阿直岐にその飼養を命じた」という記事がある。日本列島各地で出土する馬具と古代朝鮮のものが共通することから、渡来人は馬の飼育だけでなく、馬具の生産にも深くかかわっていたことが分かる。

さらに八世紀前半の甲斐国の国守が、馬に関係の深い渡来系氏族であることは大いに注目すべきである。甲斐守「田辺史広足」が、天平三年（七三一）に赴任したときに、甲斐国から黒身でたてがみと尾

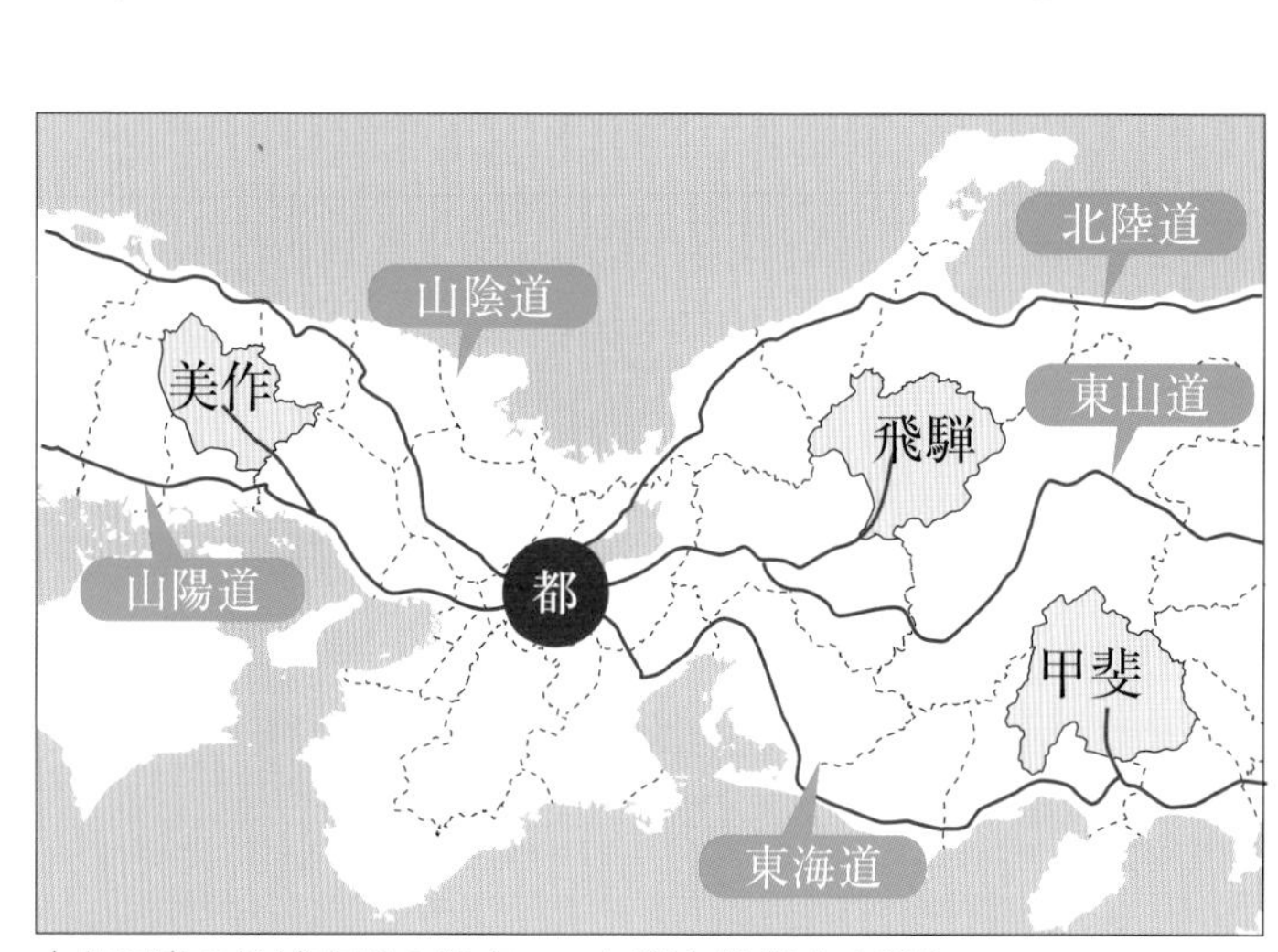

古代国家の地域支配の拠点――七道を結節する3国――

が白い馬を神馬として献上され、朝廷はこれを祥瑞（めでたい前兆）として全国に大赦（罪人の赦免）を行った。

田辺史の一族は、古代朝鮮の百済国より渡来して河内国（大阪府）に本拠を置き、もっぱら馬飼いの技術をもってヤマト政権に奉仕する技術集団である。天平十三年（七四一）に赴任した「馬史比奈麻呂」も、その氏名の示す通り馬とのかかわりの深い一族で、渡来系氏族である。

「貢馬の国」甲斐は、馬を安定して生産することを求められ、牧の経営や馬の飼育などに深くかかわる氏族が国守として任命された特殊な国である。

一方、西国の官道のうち山陽道と山陰道を結節するのは、美作国（岡山県）である。古くからヤマト政権は、吉備南部の大首長勢力への牽制、鉄資源の直接支配、出雲に至る要路の確保などの目的から美作の地に進出したとされている。

武田騎馬軍団へつながる

このように、東国の甲斐・飛騨、西国の美作の三国は、古代国家の全国統一の橋頭堡として特別な役割を負ったと考えられる。この役割は、古代にとどまらず、そののちの甲斐国の歴史にも大きな影響を与えたといえるであろう。

甲斐国に課せられた貢馬という負担が、やがて武田氏の強力な騎馬軍団につながることは周知の通りで

各国の貢馬数（延喜式制）

	貢馬数	郡数	1郡当たり頭数
甲斐国	60疋	4郡	15.0疋
武蔵国	50疋	19郡	2.6疋
信濃国	80疋	10郡	8.0疋
上野国	50疋	14郡	3.6疋

ある。また、東海道と東山道を結節する道路網の整備は、武田氏の縦横無尽の活動を容易にしたともいえよう。

第二部
馬と渡来人

神馬・甲斐の黒駒
ヤマトの王が認めた名馬

雄略天皇と甲斐の黒駒

一九七八年（昭和五十三）、埼玉県北東部の行田市にある稲荷山古墳から出土した鉄剣に、一一五文字の鮮やかな金文字が発見され、世間を驚かせた。古代史上、戦後最大の発見といえよう。鉄剣に刻まれた「辛亥年」は、他の出土品などからみて、四七一年（雄略朝）とする説が有力である。銘文は地方豪族がみずからヤマトの王に仕えたことを記念して記したものである。ヤマトの王すなわち「獲加多支鹵大王」（ワカタケル）は雄略王（天皇）の実名である。「天皇」というよび名は七世紀後半に、はじめて「大王」に代わり登場するのである。

この五世紀にはヤマトの王は、代々中国の南朝に遣使し、「倭国王」としての地位を中国の王朝から承認された。それを権威として日本列島内で支配を強めていった。五世紀の倭国王（いわゆる倭の五王〈讃・珍・済・興・武〉）の中でも、後世まで大きな存在と認識されたのが武王にあたる雄略王（天皇）である。その雄略天皇の伝承に、甲斐の黒駒にまつわる物語がある（『日本書紀』雄略天皇十三年九月条）。

大工の韋那部真根は、石を台にして斧で木材を削っていたが、終日削っても、誤って刃を傷めることがなかった。あるとき、その場に出でました雄略天皇が不思議に思い、「誤って石にあてることは無いのか」と問うと、真根は「決して誤りません」と申し上げた。

そこで天皇は、采女（郡の少領以上の家族から選んで奉仕させた後宮の女官）たちを召し集めて着物を脱がせ、ふんどしだけを着けて、真根の目の前で相撲をとらせた。さすがの真根もつい見とれてしまい、手もとが狂って刃を傷つけてしまった。天皇は真根の思い上がったふるまいを責め、野原で処刑しようとした。このとき、真根の同僚の工匠が嘆き惜しんで、

あたらしき　韋那部の工匠　懸けし墨縄　其が無けば　誰か懸けむよ　あたら墨縄

（死なせてはもったいない　韋那部の工匠が使っていた墨縄　あの男がいなければ　誰が使うというのだろう　もったいない墨縄よ）

と詠んだ。この歌を聞いて後悔した天皇は、すぐに罪を赦すために甲斐の黒駒に乗った使者を刑場に向かわせ、その刑を中止させた。その時天皇が詠んだ歌は、

ぬば玉の　甲斐の黒駒　鞍着せば　命死なまし　甲斐の黒駒

稲荷山古墳出土鉄剣
（裏と拡大図、文化庁蔵、埼玉県立さきたま史跡の博物館提供）

（ぬば玉の　甲斐の黒駒にもし鞍を着けていたら　たぶん真根は死んでしまっていただろうな。甲斐の黒駒よ）

※「ぬば玉の」は黒にかかる枕詞。ぬば玉とはアヤメ科ヒオウギの種子が円くて黒いことによるというものであったという。

「甲斐の黒駒」が特別な駿馬（すぐれてよく走る馬）として登場することは、古代の甲斐が、名馬の産地として都の人びとに広く認められていたことを示している。

聖徳太子の富士飛行と黒駒

聖徳太子と甲斐の黒駒をめぐる伝承がある。一一世紀末に成立した『扶桑略記』と、一〇世紀成立と考えられる『聖徳太子伝暦』に、以下のような物語がほぼ同文で記されている。

推古天皇六年（五九八）四月、聖徳太子は善馬を求め、諸国に馬を貢上するよう命じた。甲斐国は、烏駒で、四本の脚が白い一疋（匹）を貢上した。「烏駒」とは、「黒駒」のことであり、黒い毛色の馬という意味から「烏」の文字を使用している。諸国から貢上された数百匹の中から、太子はこの烏駒を指さして「これこそが神馬である」といい、舎人の調使麿に命じて飼養させた。九月になり、太子は試みにこの甲斐烏駒に乗ると、雲間に浮かび東へと飛び去った。侍従たちは仰ぎ見るばかりであったが、（調使）麿のみは馬の右側にしがみつき、そのまま雲の中へ入った。三日の後、帰ってきた太子は、周囲に次のように語った。「私はこの馬に乗って、雲を踏み霧を押しのけ、そのまま附神岳（富士山）の上まで至り、そこから転じて信濃へと至った。飛ぶさまは雷がとどろくようであった。三日を経て境を越え、今こうして帰ってくることができた」。

この伝承の富士山から転じて信濃へ向かいそして帰るというコースは、『古事記』のヤマトタケル東征の道を想い起こさせる。ヤマトタケルが甲斐の酒折宮から科野国を越えて科野の坂の神を服従させて帰るというコースと似ている。

甲斐の黒駒を「烏駒」と表記しているが、図に示すように、栃木県下野国府跡出土木簡（八世紀後半）では「鴉毛」と表記した例もある。馬の毛色には、このほかに「赤毛」、「葦毛」（白い毛に黒色・濃褐色などの差し毛のあるもの）、「川原毛」（「瓦毛」とも書き、薄茶

黒駒に乗って富士山を越える聖徳太子（「聖徳太子黒駒登岳図」山梨県立博物館蔵）

黒駒（烏駒）が「鴉毛（からすげ）」とも表記された木簡（下野国府出土2359号木簡）

色）、「栗毛」（地肌が赤黒く、たてがみと尾が赤茶色を呈しているもの）、「黒鹿毛」（黒みのある鹿毛色のもの）などがある。なお、『万葉集』（巻七―一二七一番）には黒駒の歌が収められている。

遠くありて雲居に見ゆる妹が家に早く至らむ歩め黒駒

（遠くにあって、はるか雲のあたりに見える　妹の家に早くつきたい。どんどん歩め、黒駒よ）

七世紀初頭、厩戸皇子（聖徳太子、上宮太子ともよばれた）の上宮王家には、馬官＝馬司とよばれる馬の飼育部門が置かれていた。馬官（馬司）では諸国から貢上された馬が飼育されていたであろう。

上級貴族への馬の献上

八世紀前半の有力な皇族であった長屋王の邸宅から多くの木簡が出土したが、そのなかには長屋王家の家政機関の一つである馬司に関わる木簡があり、甲斐・信濃・上野産の馬が飼育されていたことがわかる。奈良の正倉院に保管されている天平十年（七三八）の「駿河国正税帳」（財政報告書）にも、甲斐国から都に御馬を進上する引率者である山梨郡の下級役人（散事）小長谷部麻佐が駿河国を通過していることが記録されている。長屋王家に献上された甲斐国産の馬と同様に、甲斐国から八世紀前半、都へ良馬を進上していたことがわかる。

万福寺の馬蹄石（甲州市勝沼町等々力）
聖徳太子と黒駒をめぐる伝承では、富士への飛行帰途にこの地で休み、黒駒はここに蹄を置いたとする。

九世紀に御牧が設置された甲斐・武蔵・信濃・上野のうち、長屋王家木簡では武蔵のみは確認できないものの、すでに八世紀初め、これらの国々が長屋王家をはじめとする上級貴族に馬を献上しているのである。『続日本紀』天平三年（七三一）条によると、甲斐守田辺史広足(たなべのふひとひろたり)は体が黒く髪と尾が白い甲斐の黒駒を朝廷に献上し、その馬が神馬であると認められたという。朝廷はめでたいこととして、全国のほとんどの罪人を赦免(しやめん)し、食糧などの給付を行ったほどである。聖徳太子伝承、そして甲斐守の献上した「甲斐の黒駒」が二度にわたり「神馬」と称賛されたことは他に例を聞かない。

渡来人と馬の飼育

「甲斐の黒駒」を育てた栗原・等力の地

全国各地にある「栗原郷」

古代の甲斐国巨麻（摩）郡に「栗原郷」「等力郷」があったことは史料に書かれている。しかし、その遺称地は巨麻郡にではなく、古代の山梨郡域にあたる山梨市上栗原・下栗原、甲州市勝沼町等々力に残っている。そのため、この地は山梨郡に設けられた巨麻郡の特殊な飛び地と見る説が通説となっている。しかし、全国的に見ても、古代日本の行政において飛び地の例はない。従ってこの飛び地説は根本的に検討する必要があろう。

まず、東国に目を向けてみると「栗原郷」は各地域の重要地点、しかも各国の国府近辺に設置された例が多い。地方行政の中心である国府は行政、軍事および経済活動などを円滑に運用するため、あらゆる交通、流通体系の結節点に設置する必要があった。たとえば奈良・平安の都から東への軍事的出入り口は美濃国不破関（岐阜県垂井町）で、美濃国の国府は不破郡にあり、栗原郷はその国府近くに設置されている。

また、北陸道の最北、蝦夷と対峙していた越後国の南西部に位置する国府所在の頸城郡（現新潟県上越市・新井市）に栗原郷があり、やはり国府に近接している。さらに下総国の国府が置かれた葛飾郡（現千葉県市川市）でも栗原郷（船橋市）は国府近くに置かれている。

これらのうち、美濃国の栗原の地が朝鮮半島からの渡来人と深くかかわることが、正史『続日本紀』天応元年（七八一）七月十六日条の記述から分かる。柴原勝子公という人物の祖先は古代朝鮮の百済国に使者として渡り、そこで結婚し、その子どもが帰国して美濃国不破郡柴原（のちの栗原郷）に居住した。七八一年に柴原勝というウジ名を改め、中臣栗原連を名乗るようになった。柴原と栗原の関係は不明であるが、勝（村主とも書く）は渡来系氏族に与えられた政治的称号であった。

「栗原」のもとは「呉原」

また、現在の奈良県明日香村に「栗原」という場所がある。『古事記』によると、雄略朝に渡来した中国の呉人が安置された地を「呉原」と称したという。一方『日本書紀』にも呉国の技術者らを飛鳥の「檜隈野」に安置して「呉原」と名付けたとある。また当地には呉原寺が建立され、栗原寺とも称されたという。

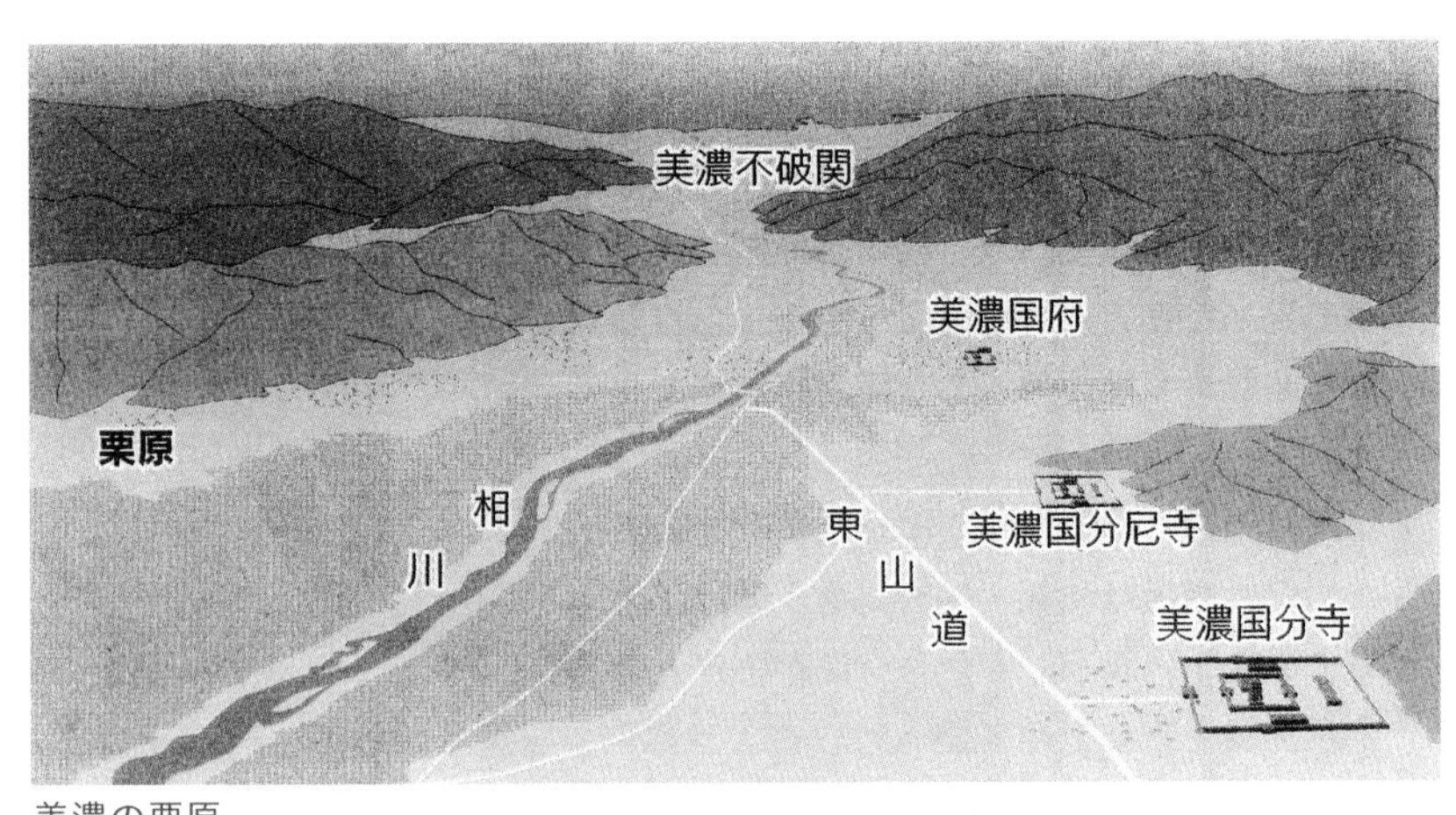

美濃の栗原

栗原という地名は、もとは呉原であった。古代日本人の中国に対する認識は中国の北を「から」（漢・唐・韓）、南を「くれ」（呉）とした。ただし日本列島に渡来した人びとの出身が、中国の北か南か、また古代朝鮮の高句麗（こうくり）、百済（くだら）、新羅（しらぎ）かは必ずしも明確ではない。いずれにしても栗原の地は、古代中国および古代朝鮮から渡来した人びとと深くかかわっていることは間違いないであろう。

甲斐国についても奈良正倉院に残る「正倉院文書」天平宝字五年（七六一）の甲斐国司の報告書に「巨麻郡栗原郷漢人部千代」とある。「漢人部」は文字通り漢からの渡来系集団のウジ名であり、栗原郷に居住していたことは明白である。

越後国府に所在する栗原郷の付近には、中世に「飛田牧（とびたのまき）」が置かれ、下総国府付近にも古代の「大結牧（おおゆいのまき）」が想定されている。下総国府の栗原郷の想定地は、現在の船橋市であり、有馬記念などで有名な中山競馬場の地を含んでいるのも歴史のおもしろさか。

馬飼育の適地

古代には東国の甲斐、信濃国、武蔵国、上野国の山麓などに設定された大規模な牧で馬の飼育をし、そこから都へ貢進（こうしん）された馬は、都近くの摂津国、河内国（大阪府）などの台地上、または平野部に設定された小規模な牧で調教され、都の儀式などで使用されたと考えられる。

この方式が地方でも実践され、国府の近辺には栗原郷が設置され、馬の飼育にたけた渡来系の人びとが活躍したのであろう。渡来人は馬の飼育だけではなく文書行政、土木技術に優れ、製鉄、窯業生産、養蚕（ようさん）

などの先進文化の担い手でもあった。国府は地方都市として各種の生産機構を集中させ、大量消費と流通に対処した。国府近辺には渡来系技術者集団が積極的に遷置されたのであろう。

甲斐国においても山梨郡に設置された国府の近辺に栗原（郷）が置かれ、馬の飼育と馬具生産も一体的に行っていたのではないか。

鎌倉時代の僧一遍上人の伝記絵巻である「一遍聖絵」には、信濃の善光寺に至る犀川流域に牛馬の放牧の様子が描かれており、周囲を川に囲まれた中州という地形的条件が牛馬の飼育の適地であったことがわかる。山梨郡の栗原、等々力の地も重川と日川に挟まれた中州利用の放牧地であったのかもしれない。

渡来人と馬飼育

甲斐国北部に新たに巨麻郡が設立される際に、甲斐国に居住していた渡来人たちが建郡に関与し、それが高麗＝巨麻の郡名の由来とみられる。巨麻郡新置の主たる目的は馬生産にあったと理解できよう。それに伴い、おそらくは国府の置かれた山梨郡内栗原、等力の渡来系の人びとの一部が巨麻郡に移住し、栗原、等力郷を設置し、馬生産・調教などの指導的役割を

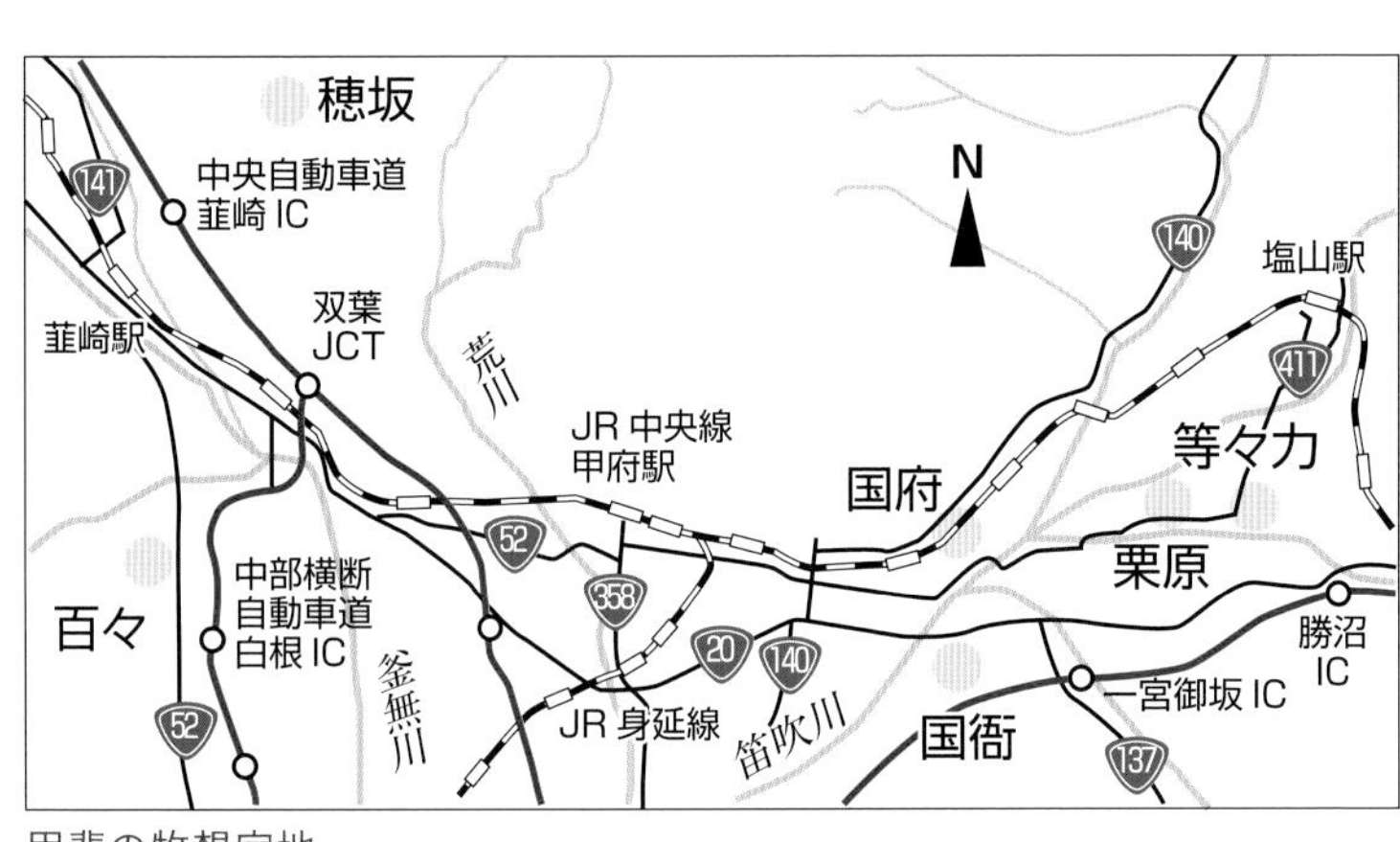

甲斐の牧想定地

果たしたのではないか。

巨麻郡の御牧の一つ、穂坂牧の馬は焼き印「栗」字を押すと定められていたが、「栗」字は栗原を指すとされている。

「等力」は「とどろき」と読み、本来「轟」と書き、足音や馬蹄（ばてい）の音などが荒々しく鳴り響くことを指す。「轟」という漢字は中国の馬に引かせた戦車に由来するが、古代日本の辞書では「驫」と書き、「とどろき（く）」と読ませていた。「驫」は、牧を駆けまわる馬蹄の音を指したと理解できる。この点からも「等力（驫）」も馬の飼育に深くかかわった地名であるといえよう。

そして巨麻郡新設に際して移住した「栗原」「等力」の人びとの本拠地が、現在も古代の山梨郡域内に「栗原」「等々力」という隣接した遺称地となっているのはとても興味深い。

「百々」地名と牧

巨麻郡内に等力の活動の足跡を求めるとすれば、近年発掘調査によって一〇〇体近くの古代の牛馬の骨が出土した南アルプス市八田の百々（どど）遺跡付近が、後の八田牧にもつながるだけに注目される。「百百」は「どど」「どうどう」と読み、馬の足音などがとどろき響く音を表し、「轟」「驫」と同義である。御勅使川の川音のとどろきではなく、牧を駆ける馬蹄の音に由来する地

百々遺跡から出土した馬の骨
（山梨県立考古博物館提供）

名ではないか。先に紹介した越後国府の地・新潟県新井市の「栗原」近くにも「百々」の地名があることも面白い。

朝廷から課せられた甲斐国の重要な役割が「貢馬」であり、「甲斐の黒駒」とよばれた都人の憧れの名馬の誕生は、栗原・等力の地、巨麻の地に居住した多くの渡来人の知識と技術によるところが大きかったに違いない。古代朝鮮との緊密な交流はこの馬文化にとどまらない。

現代の東アジア外交の原点を古代に求めて新たな史実を一つ一つていねいに検証していきたい。

馬に乗り、弓を射る甲斐の勇者

壬申の乱で活躍したのは誰か

古代史上最大の内乱・壬申の乱

中大兄皇子（のちの天智天皇）は、蘇我氏をほろぼし、天皇中心の国家をつくろうとした（大化の改新）。六七二年・壬申の年、その天智天皇の皇位継承をめぐって起きた古代史上最大の内乱が壬申の乱である。歴史書『日本書紀』には、この戦いの模様がおどろくほど詳細に記述されている。

当時の皇位継承は、天皇の皇子よりも兄弟が優先される傾向があり、天智の同母弟である大海人皇子は最有力の後継者と考えられていた。ところが、天智は、息子の大友皇子に皇位を継がせたいと考え、六七一年一月、大友皇子を太政大臣（国政を総括する最高機関・太政官の最高官）に任命したが、天智天皇は九月には重い病気におちいった。

十月に天智の病床に召された大海人は即位要請されたが、「陰謀」と疑い固辞して、吉野に入って仏道修行したいと願い、許される。こうして吉野に隠棲した大海人皇子は、天智が近江の大津宮で亡くなると、挙兵のための行動を開始した。

　六七二年六月二十二日、大海人は部下の村国連男依らを美濃国へ派遣し、東国の兵の確保と東国への道＝「不破（岐阜県関ケ原付近）道」の閉鎖を命じた。壬申の乱のはじまりである。

　大海人皇子自身も、二十四日にわずかの手勢で吉野を出発し、伊勢・美濃方面を目指し、二十七日には不破に入り本営を設けた。二十九日、大和にいた大伴連吹負が大海人に呼応して挙兵した。吹負は大友皇子方の軍営を奇襲して勝利を収め、七月一日には奈良盆地北部へ向けて進軍するが、四日、乃楽山（大和国と山背国〈後の山城〉の国境の山）で近江軍に敗れ、吹負はほとんど単独で逃走した。

　その直後、置始連菟ら一〇〇〇余騎の援軍に出会い、態勢を立て直し西方に向かった。そこで、将軍吹負は河内からの進攻軍と対決した。その戦いの際、「勇士来目」という人物が活躍したことが『日本書紀』に記されている。

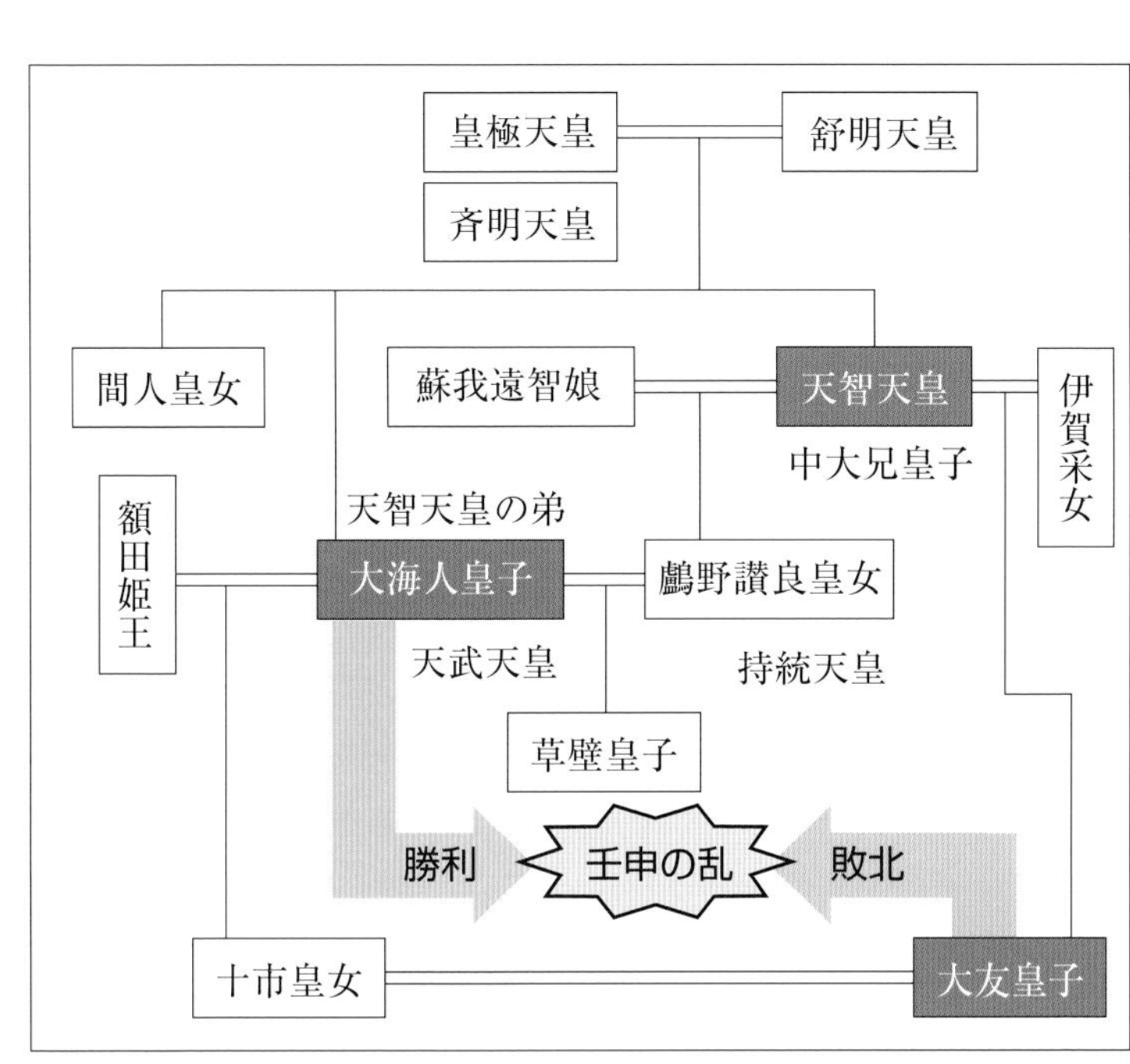

古代天皇系図と壬申の乱

「甲斐の勇者」は誰か

吹負は、近江方の別将廬井造鯨の軍を壊滅させた。鯨は、ただ一人白馬に乗って逃走するが、馬が泥田に落ちて進むことができなくなってしまった。このとき、将軍吹負は「甲斐の勇者」という者に、「その白馬に乗る者は廬井鯨である。急いで追って射よ」と命じた。勇者は馬を馳せて追い、鯨のそばに着いたが、ちょうどそのとき、鯨に鞭打たれた馬が泥を抜けだしたので、鯨はその場を逃れることができた。この話にみえる「甲斐の勇者」については、二つの解釈が提示されている。

一つは、大海人皇子が六月二十六日に東海・東山方面に派遣した使者により徴発された甲斐の兵のうちの一人とし、弓矢に長じた騎馬兵とする。もう一つは、六月二十六日の使者発遣から七月の大和の合戦までの期間が短すぎること

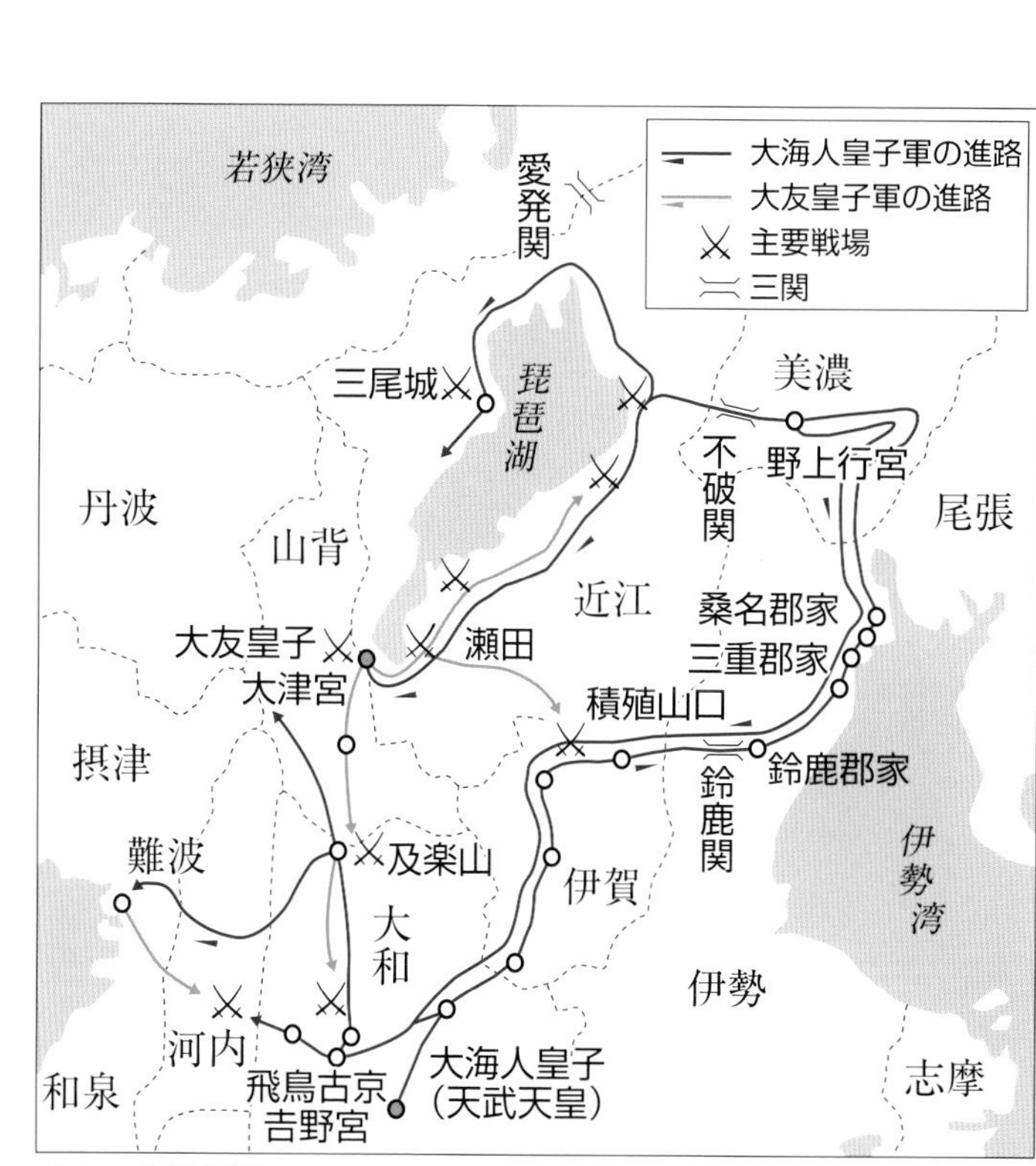

壬申の乱行程図

から疑問とし、これを、壬申の年以前から吹負に仕えていた甲斐出身の従者としている。「甲斐の勇者」は馬に乗り、弓を射る人物であり、その命令者は、大伴連吹負である。

このことから、思い浮かぶのは、またまたヤマトタケルノミコトの東征伝承である。『日本書紀』によると、ヤマトタケルが大伴氏の遠祖とされる副将大伴連武日（たけひ）に酒折宮（さかおりのみや）で靫部を賜わったという。甲斐の「九筋（くすじ）」といわれる道路網の結節点が酒折宮の地であり、軍事上の要衝であった。その警備のために弓を射ることに長じた氏族である靫負・靫部（ユケヒはユキオヒで、矢を入れる道具である靫を背負う者）が配備されていたのである。

その靫負・靫部を統率していたのが中央の大伴連という氏族である。このヤマトタケル伝承は古代国家の軍事氏族の代表格・大伴連が靫負・靫部を統率することの由来を記したものといえる。

大伴氏と弓馬に長じた「甲斐の勇者」

靫負は地方国造（ヤマト政権の地方官、地方有力豪族）の子弟によって編成される朝廷の軍事集団で、都の宮廷諸門の警備にあたり、大伴連がこれを統率した。その大伴連吹負が直接命令した騎馬と弓矢に長じた「甲斐の勇者」とはどんな人物であろうか。

「甲斐の勇者」は臨時に徴発された兵士ではなく、靫負・靫部（さらに地方豪族で「靫大伴連」という氏族も存在）が、壬申の乱以前から大伴連吹負に仕えており、今回、従軍してきた人物とみるのが自然であろう。さきに登場した「勇士来目」も、「来目」が大伴と同族の久米氏とみると、彼も大伴連吹負の従者とみることができるであろう。

古代における騎馬兵はきわめて選りすぐりの武人といえる。甲斐国の地方豪族の子弟は、乗馬と弓射の訓練をこなし、中央貴族と主従関係を強めていったのではないか。その前提に甲斐の良馬の存在があることはもちろんである。「甲斐の勇者」とは、当時甲斐の名馬が「甲斐の黒駒」とよばれたように、巧みに馬をのりこなし、弓射が巧みであった者を都の貴族たちが通称していたことをものがたっている。

乱の決着

戦況を戻してみると、大海人皇子の命を受けた村国連男依らは激戦を制して、六七二年七月二十二日に近江の瀬田橋（せたはし）に到着した。このとき、橋の向こう岸には大友皇子の大軍が陣をかまえていた。この瀬田橋をはさんだ攻防は、壬申の乱の勝敗を決する戦闘であった

高句麗壁画にみえる騎馬像（4世紀）

騎馬像
（8～9世紀、東京都足立区伊興遺跡出土木簡実測図）

弓を射る兵士
（福島県文化財センター白河館まほろん蔵）

が、戦況は大海人皇子軍が優勢となり、翌二十三日には、ついに大友皇子が戦場を退き、大友軍は敗北した。そののち大友皇子は自害する。

こうして、壬申の乱は大海人皇子の勝利に終わり、大海人は飛鳥浄御原宮(あすかきよみはらのみや)で即位して天武(てんむ)天皇となった。この戦いに勝利し大きな権力をにぎった天武天皇は、天皇の地位を高め、新しい政治のしくみをつくりあげていった。

「甲斐の勇者」は壬申の乱のほんの一場面にしか登場しないが、戦国時代の武田の騎馬軍団の先駆けとして歴史に一つの足跡を遺(のこ)したといえよう。

第二部

古代のなりわいと自然

稲の品種と農業技術

管理された稲作

稲の品種が記された木簡の発見

一九九六年（平成八）、山形県の鳥海山麓の遊佐町上高田遺跡から、ただ二文字「畔越」とだけ記された九世紀ごろの長さ一三センチの木簡が出土した。

日本最古の農書とされる『清良記　親民鑑月集』（一七〇二～三一年ごろ成立）には、当時、四国の伊予国（愛媛県）で作付けられていた稲の品種が九〇種以上記載されている。それらの品種は早稲・中稲・晩稲の三種に大別される。その中稲の品種として「畔越」という稲があり、それに該当することがわかり、この木簡は種籾を入れた俵に付けられた品種札であることも明らかとなった。

一九九九年には全国で「畔越」を含め、総数一五点近い古代の稲の品種札があることを公表し、中国など海外にも報道され、大

稲の品種名「畦越」を記した付札
（上高田遺跡出土、山形県教育委員会蔵）

きな反響をもたらした。その後も新しい品種札の発見があいついでいる。

この「畔越」という品種の稲は、江戸時代以降も各地で作られ続け、一九六二〜六五年ごろ奈良県・三重県・和歌山県の山間部で栽培されていた。現在でも農林水産省ジーンバンクに「あぜこし」品種の種籾が数種保存されている。

江戸時代の甲斐国でも、北巨摩（きたこま）地区や山梨郡内の村明細帳によると、古代の遺跡で発見された稲の品種と同一品種名のものが各地で栽培されていることがわかる。まず、冒頭にあげた「あせ（ぜ）こし」が、

「畦越」品種の名が記された村鑑明細帳（上岩崎村、「甲州文庫」、山梨デジタルアーカイブ〈山梨県立図書館〉より）

品種名を付した種子俵（文化財保護委員会編『無形の民俗資料　記録　第7集』）
昭和40年代のもので、下端をとがらせ、品種名を書いた付札を種子俵の縄に差し込んである。

釜無川右岸の下条中割村（現韮崎市大草町）と山梨郡上岩崎村（現甲州市勝沼町）で作付けされている。

福島県会津若松市矢玉遺跡（九世紀前半）からは「荒木」「白和生」という二種類の品種名の木簡が出土している。その「あらき」「白早稲」が釜無川右岸の台ケ原村（現北杜市白州町）で、「しらわせ」が八ケ岳南麓の小淵沢村（現北杜市小淵沢町）でそれぞれ栽培されている。

滋賀県神崎郡能登川町（現東近江市）柿堂遺跡（奈良時代末～平安時代前半）から「小白」という品種名の木簡が出土しているが、その「小白」も八ケ岳南麓穴平村（現北杜市須玉町）で作付けされている。

異常気象が生んだ新たな稲の品種

現在の地球温暖化現象は、もうすでに稲作に大きな影響を与えはじめている。弥生時代に朝鮮半島から水田稲作が最初にもたらされた北部九州は、ここ数年、米の品質低下や不作が続いている。逆に北海道では、作柄を示す作況指数は全国一を記録している。

『産経新聞』二〇〇八年一月九日付の記事によれば、一九九〇年に登場したヒノヒカリは、おいしさ、品質、収量の三拍子そろった九州初のブランド米であった。このブランド米が温暖化の影響を受けた時、その後継ブランドとして研究されていたのが「にこまる」という品種である。関係者によれば「九六年に交配し、育成する過程で高温年が多かったため、高温に強い株が残ったのではないか」という。「にこまる」は高温に強い新品種として、作付けを年々増やしている。

現在、日本列島各地で発見されている古代の稲の品種名を記した木簡は、なぜかほとんど九世紀代のものである。その九世紀に日本列島はどのような気象状況であったのであろうか。当時の歴史書によると、九世紀はまさに「異常気象の世紀」といえる。富士山だけでも八〇〇年、八〇二年そして八六四年の三回にわたって噴火している。八〇六年には会津磐梯山の噴火によって、猪苗代湖が生まれた。八三八年には伊豆大島が噴火している。

大地震も、出羽国、信濃国をはじめ、各地で発生している。さらに長雨なども続き、稲作にとって最も大切な日照時間の不足などによってそれまでの品種に大きな打撃が加わったと推測できる。そうした異常気象に耐えた株から新たな品種が生まれたのではないか。その新品種には人びとが稲の成長への熱い思いを込めたことが、その品種名から容易に理解できる。

「畔越」は順調に生育し、文字通り畔を越え、大きく育つように。「足（栖）張」品種は「すく」がまっすぐの意味であり、「はり」がしっかりと根をはり、倒れずにまっすぐに生育するように。石川県金沢市畝田ナベタ遺跡から出土した種子札にみえる品種「須流女」は「須流」が「するど（鋭・尖）」のことで、勢いが激しいさまを指す。「女」は、おそらく「芽」のことで、勢いよく発芽し、成長することを願っての命名であろう。

参考までに、「駿河」という国名は「するどがわ」すなわち急流である富士川に由来するとされている。

古代の稲作のスケジュール

二〇〇五年、また古代の稲作にかかわるきわめて重要な内容と判断できる木簡が奈良県で出土した。奈良県の西部、香芝市下田東(かしばししもだひがし)遺跡の地は、古代の大和国と河内国を結ぶ交通の要衝にあり、古墳時代、奈良、平安そして室町時代まで一貫して有力者の拠点であった。この遺跡から出土した曲物(まげもの)（ヒノキ・スギなどの薄い材を曲げ、合わせ目を桜の皮などで閉じた円形の容器）の底板に品種ごとの種蒔日と稲刈日がメモ書きされていた。

稲の品種名「和世種(わせ)」を三月六日、「小須流女(こするめ)」を三月十一日に蒔いている。類似する木簡をみると、福島県いわき市荒田目条里(あったためじょうり)遺跡出土の数点の木簡に、表に品種名、裏に「五月十日」「五月十七日」「五月廿三日（二十三日）」とほぼ一週ずつずらして種蒔日が書かれている。それは田植え、刈取などの農作業の労働力を確保するためと、風水害などを最小限にとどめるための配慮と考えられる。さらに注目すべきことは、もう一面の冒頭に記載されている「小支石」という人物の稲刈日が七月中旬（十二日・十四日・十七日など）に行われていることである。下田東遺跡の木簡の場合、早稲を三月六日種蒔、七月十二日刈取とすれば、稲の育成には合計およそ一二〇日を要したことになる。春日神社の記録（永正十四年〈一五一七〉）によれば、種蒔から刈取まで合計一二一日（一三四日もあり）、『会津歌農書』（宝永元年〈一七〇四〉）には、合計一一〇日とあり、下田東遺跡にみえる日数とおおよそ合致する。このことは、

品種ごとの種蒔日、稲刈日が記された木簡
（下田東遺跡出土、香芝市教育委員会提供）
冒頭に「種蒔日」とあり、その下に「和世種三月六日　小須流女十一日蒔」と記されている。

中・近世の稲作の原型が古代にほぼ確立していたことを示すだろう。

地域の有力者が行った品種改良

さらに、「小須流女」という稲の品種名に注目してみたい。近年、北陸地方の石川県金沢市西部の犀川(さいかわ)河口に港湾施設と、その流域には地方の有力者や中央の貴族・寺社の荘園が経営されていたことが明らかになった。砂丘の後背湿地、扇状地の扇端部の涌き水を利用した水田稲作が盛んであったのである。その流域の畝田ナベタ遺跡などから出土した木簡には「酒流女」「須充女」「須留女」などと記され、いずれも「スルメ」という品種名を書いたと判断できる。

こうした品種名札は、各地の豪族の拠点付近から出土しており、それらの拠点を中心として稲の品種改良・管理が実施されていたのであろう。

稲の品種改良の場合、近世の農書『清良記』によると、畔越→小畔越、備前稲→小備前、大白稲→小白稲などのように、新品種の名はもとの品種名に「小」を付すのが一般的である。下田東遺跡「小須流女」と畝田ナベタ遺跡「須充女」「酒流女」も同

『清良記』にみえる稲の品種

疾中稲の事

一 仏の子　一 一本千　一 備前稲　一 小備前
一 畔越　一 小畔越　一 野鹿　一 大白稲
一 小白稲　一 大下馬　一 栖張　一 疾饗膳
右十二品は疾中稲にして上白米也。はせの次に出。
一 内蔵　一 今大塔　一 上蜆の毛　一 小法師
一 晩饗膳　一 大とご　一 半毛　一 白我社
一 清水法師　一 定法師　一 小けば　一 大ち子
三月初に種子をまき、四月末に植て、八月末にかり取也。

近世の農業書『清良記　親民鑑月集』
(1702～31年ごろ成立)

様に理解できるであろう。大和の有力者が新しい品種「小須流女」を生み出すと、みずからが経営する北陸地方の荘園において、すでに栽培されている「須流女」に代えて新品種「小須流女」を種蒔したという想定もできるのではないか。

これら数多くの品種を維持するためには、地域社会における郡司層などの地方豪族による強力な支配力により、十分に統制・管理しなければならなかったであろう。こうして稲作は政治の傘下に置かれ、コメはほかの農作物とはまったく別格の存在となっていったのである。

在来品種を見直す

現在、米作りは徹底した市場性・商品性の追求により、「コシヒカリ」「ササニシキ」「ひとめぼれ」「あきたこまち」といった、コシヒカリ系のいわゆるブランド米が中心となっている。最近では、アメリカのカリフォルニア州で「あきたこまち」が、中国で「コシヒカリ」の改良種の栽培が行われはじめたという。このような傾向は今後もさらに強まるであろう。こうした現状に対して、農学者佐藤洋一郎氏が『イネの歴史』（京都大学学術出版会、二〇〇八年）の中で、次のように指摘している。

　コシヒカリなど今の品種は多くの肥料と多量の農薬に適応し、維持されている。しかし、同僚の研究者がかつて日本各地にあった古い品種を、農

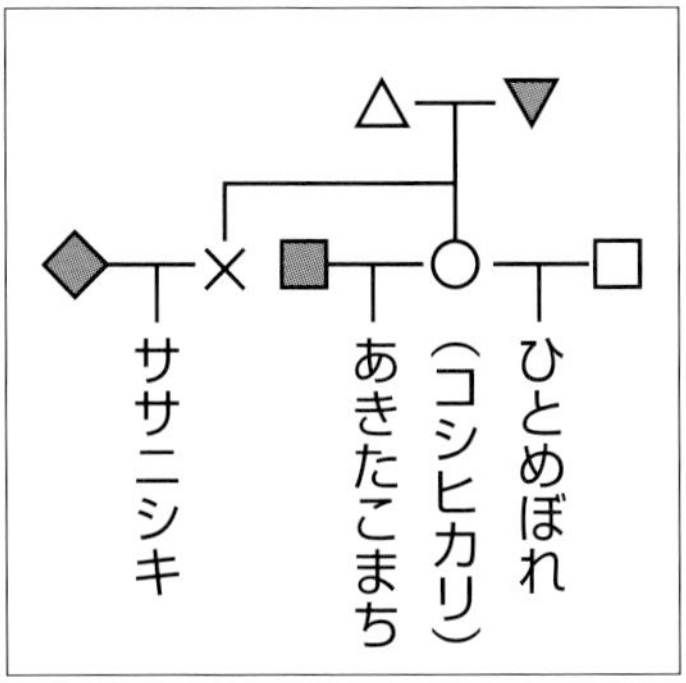

ひとめぼれ
（コシヒカリ）
あきたこまち
ササニシキ

コシヒカリ品種の系統図

薬も化学肥料も使わない田で栽培した結果、コシヒカリと同じか、それ以上の収量を上げた品種もあったという。

コシヒカリなどの特定品種に偏った作付けのもつ危うさと、あらゆる気象条件を乗りこえ一二〇〇年以上栽培されつづけてきたと考えられる「あぜこし」をはじめとする在来品種に今一度注目し、これからの稲作のあり方を考える必要があるのではないか。

雑穀と米

韓国から出土した木簡と穀物栽培

見直される稲作の伝播時期

中国大陸では、約一万年前ごろ、長江中・下流域で稲作栽培、黄河中・下流域でアワ・キビ栽培が始まった。

七〇〇〇年にわたってアワやキビを栽培していた朝鮮半島の新石器時代の人びとは、紀元前一五世紀、ついに数ヘクタールもある広大な畑でコメ・ムギ・アワ・キビ・マメなどの作物を作る本格的な農耕生活に大きく転換する。

紀元前一一世紀には水田稲作も始まり、その影響の一部は、中国山地や九州北東部の北九州市に及んだことが、日本最古のコメ圧痕土器や石庖丁の存在からわかる。

これまでの通説では、弥生時代の紀元前四世紀に朝鮮半島から九州北部に伝えられた水田稲作とその文化は、わずか一〇〇年ほどで畿内や東海の一部にまで一気呵成に伝播していったといわれていた。それは、採集・狩猟・漁撈の縄文文化は不安定で貧しいため、水田稲作を競って短期間に導入したのではないかと考えられたからである。しかし、近年の国立歴史民俗博物館による炭素一四年代法の測定結果により、新たな見解が提示された。炭素一四は不安定で、およそ五七三〇年ごとに半分は壊れてしまう。この炭素一四の性質を利用して、遺物（炭素）の中の炭素一四濃度から年代を推定する方法が「炭素一四年代法」である。

紀元前八世紀の終わりには西日本の各地で水田稲作が始まり、紀元前六世紀には伊勢湾沿岸、紀元前四世紀にはついに日本海側を東北北部まで到達する。水田稲作を採用しなかった北海道や沖縄を除けば、もっとも遅く始まったのは紀元前三世紀中ごろの中国・関東南部である。

二〇〇七年十一月十五日、山梨県立博物館の中山誠二氏らの研究チームは、北杜市（ほくとし）酒呑場（さけのみば）遺跡で出土した五〇〇〇年前の縄文中期の土器から、野生種より大きな大豆の痕跡を発見した。縄文時代にすでに大豆・小豆などの穀物栽培が行われていたことを実証した。中部地方の内陸部である長野・山梨県域では紀元前三世紀ごろにようやく水田稲作を行うようになったのも、中央高地における縄文期の豊かな食文化が存在

水田稲作の広がり（国立歴史民俗博物館作成）

したからともいえよう。

古代朝鮮の穀物栽培をしめす木簡

朝鮮半島最南部の全羅南道、栄山江（えいざんこう）流域の羅州は、日本で盛んに築かれた前方後円墳をモデルにした前方後円形古墳が分布する特異なエリアでもある。この羅州・伏岩里古墳群近くに古代の百済（くだら）国の地方役所が設置されていた。その一画が二〇〇九年に発掘調査され、その結果、主要な建物遺構は検出できなかったが、製鉄遺跡や数多くの貴重な遺物が出土した。そのなかに、韓国内ではじめて地方の役所からの七世紀初頭の木簡十数点を発見した。

写真に示した木簡一点は、古代朝鮮の穀物栽培に関わるきわめて貴重なものであった。この木簡は、穀物栽培の労働月別報告の帳簿である。大祀村の弥首山という人物が一ヵ月（三〇日）間、丁（二一～五九歳の成人男子）、中（一六～二〇歳の男子）などの労働者と牛一頭を動員して、水田などの収穫を行っている。その労働内容は、「□水田」と「畠」のおそらく稲の収穫を行ったのちに、麦を作付けるために牛を使って田起こしをした。「□水田」は一形（田畑の面積単位）当たり三六石と、「畠」六二石よりも生産性が低いことから、条件の悪い水田と理解できる。

韓国では、一九七五年、慶尚北道の慶州（けいしゅう）にある新羅（しらぎ）の王都内の庭園・雁鴨池（がんおうち）から初めて木簡が五七点出土した。それ以来、各地の遺跡で木簡が出土し、八〇年代後半からは、ほぼ毎年のように報告例があり、現在までにその数は八五〇点にのぼる。日本の古代木簡は約三二万点とされているが、現段階で最も古いものである七世紀前半である。しかし韓国木簡は、その半数が六世紀代であること、内容の多様さなどから、古代日本の木簡研究、文字文化、さらには古代社会を考える上でもきわめて重要な資料であるといえる。

私は一九九七年以来、韓国内の古代文字資料、とりわけ韓国木簡の実物調査を通じて、その資料の歴史的価値の高さを実感している。最も多く木簡が出土した城山山城は、朝鮮半島の南端、慶尚南道咸安郡に

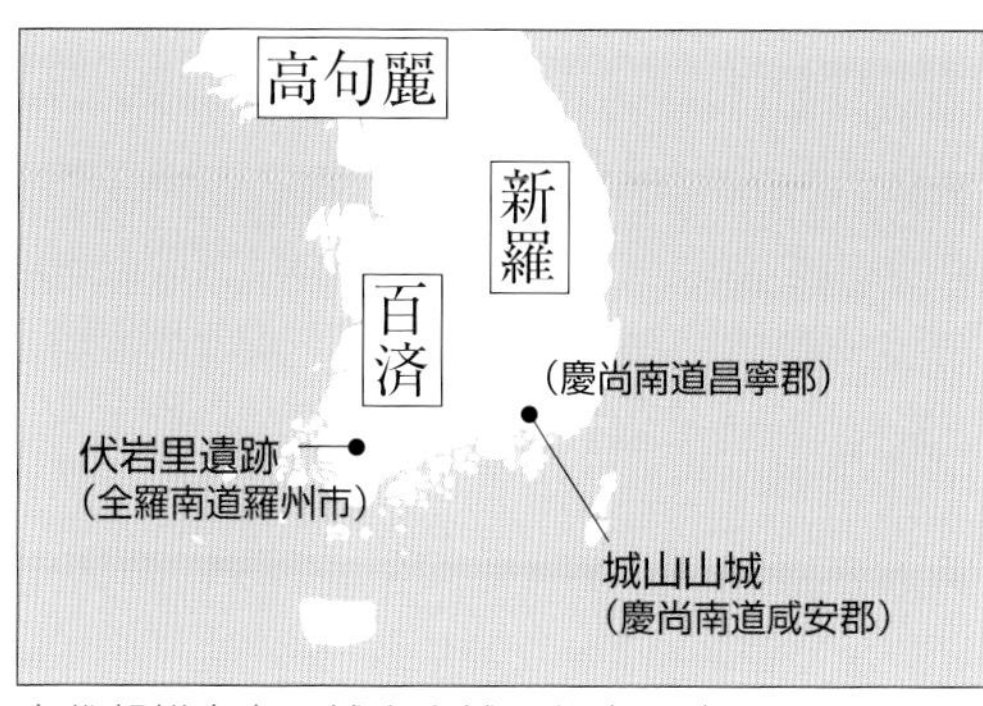

古代朝鮮半島と城山山城・伏岩里遺跡

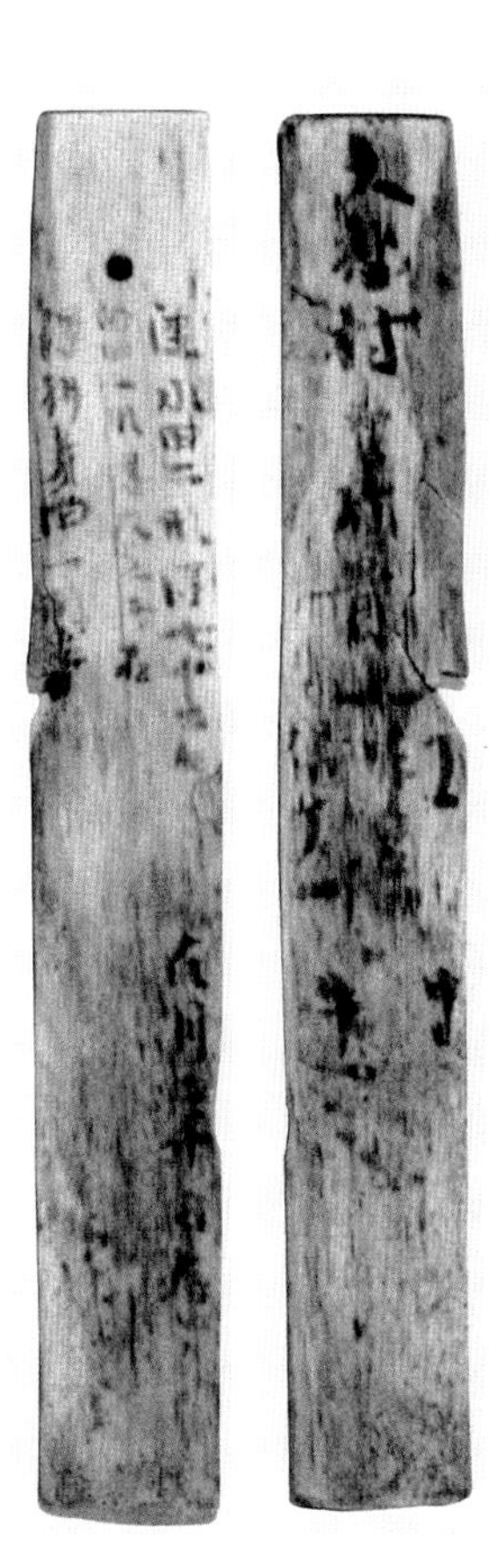

【表】
・大祀○村□弥首山　丁一　中□□
　　　　　　　　　□□四
　　　　　　　　　□丁一　牛一

【裏】
・　□水田二形得七十二石　在月三十日者
　○畠一形得六十二石
　得耕麦田一形半

韓国羅州・伏岩里遺跡出土の穀物栽培の労働月別報告を記した木簡
（長さ185×幅27×厚さ6ミリ、赤外線写真）

位置する六世紀代の山城である。九一年以来の調査によって六世紀半ばの新羅木簡が三〇六点（二〇一二年時点まで）発見されている。木簡はほとんどが付札（つけふだ）である。その記載内容は、「地域名＋人名＋官位＋物品・数量」という構成である。

【基本文例】　七号「仇（利）伐（城）＋于好女村＋卑ア＋稗一石」

【省略型の文例】　一一号「（城名略）＋烏欣弥村＋兮卜＋稗一石」

一三号「陳城＋（村名略）＋己兮支＋稗＋（数量略）」

末尾の物品名「稗」は穀物のヒエである。木簡に記載されている地域名は、六世紀初頭に新羅に服属していた朝鮮半島のほぼ中央の内陸部、慶尚北道・忠清北道地域に集中している。内陸部の冷涼な気候には稗などの穀物栽培が適していたであろう。これらの木簡は、城山山城の造営事業にともない新羅の北部から、南の城山山城に稗などの物品を送付してきた際の付札である。

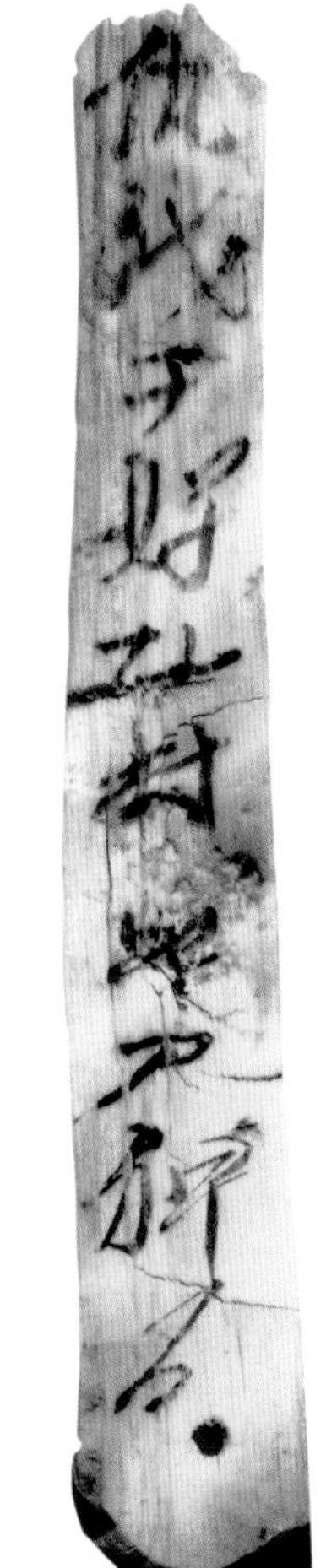

「稗」の記された付札（韓国・城山山城出土7号木簡）

古代日本の「雑穀」

なお現在、山梨県立博物館は忠清北道の国立清州博物館と学術交流協定を結んでいる。山梨県立博物館は、文部科学省の研究機関に指定されており、科学研究費補助金事業で「日韓内陸地域における雑穀農耕の起源に関する科学的研究」という研究課題のもと、韓国研究者と共同研究を実施した。

これまでは一般的な呼称として、粟（アワ）・黍（キビ）・稗（ヒエ）などを「雑穀」と記してきた。しかし、〝漢字のふるさと〟中国には「雑穀」という用語はない。「雑穀」ではなく、「五穀」と呼ぶ。「五穀」の種類については、古くは麻（アサ）・黍・稷（アワ）・麦・豆また稲・黍・稷・麦・菽（マメ）などを指している。日本では五穀は米・麦・粟・豆・黍または稗を指す。

「雑穀」という呼称は、古代国家の確立にともない、稲を税制や宮廷の儀式などの根幹に位置づけたことにより、稲以外の穀物を「雑穀」と称したことによる。その初見は歴史書『続日本紀』霊亀元年（七一五）十月七日条に記載されており、この条では水稲耕作のみではなく、陸田に麦や粟などをはじめとする「雑穀」を栽培するよう奨励している。

現在の雑穀栽培

富士川の支流、早川の最奥部に位置する集落、奈良田は、山梨県で最も遅くまで焼き畑が行われた地で、昭和三十年代にダム建設による集団移転が行われるまで、主食のアワが焼き畑で栽培されていた。作物はアワ、ソバ、大豆、小豆を主に、ジャガイモ、エゴマなどが作られていた。焼き畑地は標高一五〇〇メートル以内、集落から直線距離四〜五キロの南斜面に広がっていた。焼き畑の周期は一五年で、春焼きと夏焼きの二種類があった。春焼きの場所は集落から遠く離れ、一年目はアワ、二年目は小豆や大豆、三年目には再びアワが作付けされた。

奈良田とは反対側、早川町の南端近くの雨畑(あめはた)地区に稲又(いなまた)という小さな集落がある。わずか数軒の家しかないこの集落は、アワ、キビ、ヒエ、チョウセンビエ、モロコシ、各種豆類、エゴマなど実にさまざまな作物が植えられている。

現在、ヒエ・アワ・キビなど、コメ以外の穀物の全国生産量は合計で七二〇トン。コメの八七〇万トンに比べると、微々たるものである。しかし、これらの穀物は食物繊維やカルシウム、鉄分などのミネラルが豊富で、不足しがちな栄養素を補えることから注目が高まっている。この数年はアワ・キビなど穀物食の評価にともない、生産量は高まっている。これらの穀物は米に比べると冷涼あるいは不順な天候にも強いという点からも、将来ますます生産を増すであろう。

山梨県早川町稲又集落とアワの収穫
（中山誠二氏提供）

古代の塩の道
土器が語る生産と流通

古代の塩づくりの方法

日本では、塩というと一般的には海水から採ると考えるが、世界の塩は塩湖（湖水中の塩分が一リットル中に〇・五グラム以上のもの）や塩が石のように固まった岩塩から生産されるものが中心である。海水に含まれる塩の量はおおよそ三％であり、プールで泳ぐより海で泳ぐほうが、体が軽く感じられるのも海水の比重が高いからである。イスラエルとヨルダンとの境にある内陸の塩湖として有名な死海は、塩分濃度が三〇％にも達し、人が浮きながら新聞を読めるほどの浮力が生じるという。岩塩は海水や湖水の蒸発によって結晶し、鉱床をつくる。世界の代表的な採塩国であるアメリカ、中国、ドイツなどは大規模な岩塩鉱床を持っている。

岩塩がなく、周囲を海に囲まれた日本列島では、海水を土器で煮つめて塩を採る技術が、縄文時代から発達した。この製塩法を土器製塩という。土器製塩の工程は、海水を濃縮して濃い塩水（鹹水）をつくり、ついで鹹水を煮つめて結晶塩を取り出す「煎熬」の二段階である。海水の濃度を高めた鹹水を大量の薪で焚(た)き続け、粗塩を採り出す。その段階で、ほとんどの土器は破砕してしまう。これは、塩を煮つめるうちに土器の空隙に染み込んだ塩水に含まれる塩が結晶になり、それが次第に大きくなり土器を壊してしまうからである。土器製塩遺跡では、壊れて廃棄された製塩土器の堆積層が厚さ数メートルにも及んで確認されることがある。

土器製塩は、弥生・古墳時代には西日本の瀬戸内沿岸中心に盛んに行われたが、七世紀以降、急速に衰退する。その一方、北陸・東北地方および知多(ちた)・渥美(あつみ)半島において盛行するようになる。

奈良時代には、鉄製の塩釜も使われている。正倉院文書に「煎塩鉄釜一口」と記されている。そのサイズは、直径五尺八寸（約一七四センチ）、厚さ五寸（約一五センチ）、深さ一寸（約三センチ）であり、きわめて浅くて口径の大きな鉄製の釜である。こうした形状は海水を煮つめて塩を採るために適している。宮城県の有名な塩釜(しおがま)神社には一五～一六世紀ごろの直径一二二センチの鉄釜が伝世されている。

古代の巨大製塩工場

若狭湾岸は、都へ貢進された塩の付札(つけふだ)木簡の多さによって、古代には塩づくりの盛んな地であったことが知られている。

（表）若狭国遠敷郡木津郷少海里 土師竈御調塩三斗
（裏）神亀五年九月十五日

この木簡は、若狭国遠敷郡(おにゅうぐんき)木津郷(づごう)少海里（福井県大飯郡）の「土師竈(はじのかまど)」という人物が調(ちょう)の塩三斗を貢進したことを示す。人名が製塩用の土師器の竈を意味し、代々塩作りに従事していたことを想起させて興味深い。その若狭湾に面した一画、京都府舞鶴市北東の大浦半島西側に、浦入遺跡群という奈良・平安時代の製塩遺跡がある。

浦入地区は、周囲約一キロの浦入湾に面した地区で、湾口には北西から南東に長く発達した砂嘴があり、東西には急峻な山地が迫る。大規模な発掘調査の結果、静かな浦に二〇〇メートルも続く巨大な製塩工場跡が検出された。この工場主はこの地の豪族であり、大規模な製塩工場から良質な塩が商品として各地に出荷され、豪族の大きな財源となったであろう。

若狭湾岸といえば、森鷗外の小説『山椒大夫』の安寿と厨子王が使役された、丹後半島の石浦での塩汲み作業が思い浮かぶ。この時の製法は塩田による製塩であろう。これは海岸に作った平らな土地に汲んできた海水を撒き、水分だけを蒸発させて濃度の高い塩水を作り、さらにそれを煮つめて塩を採る方法である。山椒大夫は大きな邸宅を構え、製塩のほかにも田畑で米麦をつくり、山の猟・海の漁・養蚕・機織りなど、すべて大勢の職人を使用して経営する、古代丹後地方の分限者（金持ち）として描かれている。

浦入地区全景（南から空撮、舞鶴市提供）

製塩土器の支脚部出土状況
（浦入遺跡、舞鶴市提供）

土器による製塩の想定図
（舞鶴市教育委員会「舞鶴市浦入遺跡群埋蔵文化財発掘調査説明会資料―平成8年度発掘調査―」1996年）
製塩土器を用いた作業では、土器の中に海水を入れ、煮つめて塩を採った。製塩土器には支脚がないタイプもある。

製塩土器のかたちから分かる製造地

近年、きわめて興味深いことは、製塩土器が列島各地の沿岸部ではなく、内陸部で出土していることである。

本シリーズ第一巻『地域に生きる人びと』の「地方行政区分と郡役所」で取り上げたが、列島の中央分水界としてもっとも標高の低い兵庫県丹波市氷上（ひかみ）町の分水界は「水分（みわ）かれ」と呼ばれ、古代の丹波国氷上郡の郡家（ぐうけ）がおかれたところである。その郡家関連遺跡である市辺（いちべ）遺跡から製塩土器が出土した。この「水分かれ」の場所は、日本海へ注ぐ由良川と瀬戸内海へ注ぐ加古川の結節点として交通の要衝の地である。塩は日本海沿岸と瀬戸内沿岸のどちらからも供給される可能性がある。

製塩土器は各地域によってそれぞれ独特な形態をしている。市辺遺跡の製塩土器は摂津・播磨（大阪・兵庫）のものと同じであることから、瀬戸内沿岸から塩が運びこまれたことが判明した。このように内陸部で出土する製塩土器の形によってルートを知ることができるが、甲斐国でも土器が出土すれば、どこから塩が供給されたか分かるのではないか。

「敵に塩を送る」

甲斐国の塩といえば、すぐに思い浮かぶのは、上杉謙信（うえすぎけんしん）が宿敵武田信玄（たけだしんげん）に塩を送ったという美談であろう。武田信玄が、川中島合戦が終わるころ、駿河侵攻を企てようとした時に今川氏真（いまがわうじざね）は、北条氏康（ほうじょううじやす）と相談して山国である信玄の領地内に、塩の輸出を停止するという経済封鎖を行った。このため、甲斐・信濃の末端の領民までもが日常生活に苦しんだ。すると、これを伝え聞いた謙信は、信玄に次のような内容の書を送った。

「聞く、氏康・氏真、君（信玄）を苦しめるに塩をもってすと、これは不勇・不義の極みなり、我、公（信玄）と争ふところは弓箭（ゆみや）にありて米・塩にあらず、請ふ、今より以後、塩は我が国にとり候へ、多寡はただ命のままなり」といって、やがて塩の売人に命じて、値段を市価の半分にして供給したという。

この上杉謙信義塩の美談は、江戸中期の儒学者湯浅常山が書いた史談集『常山紀談』（一七三九年自序）、そして後期の著名な頼山陽が著した歴史書『日本外史』（一八二七年）によって広く知られるようになった。おそらく、駿河・相模からの塩の輸送は封鎖されたが、謙信の領地である越後から信濃・甲斐への塩の道は断たなかったことが、謙信の「敵に塩を送る」という美談へと発展したのであろう。

どのようにして甲斐国に運ばれたのか

二〇〇八年（平成二十）二月に山梨県考古学協会主催「塩の考古学―ゆく塩・くる塩、古代の塩とその流通を考える―」という研究集会が開かれ、全国各地から古代の製塩の研究者が集まった。その集会直後から、山梨県内の遺跡からつぎつぎと製塩土器が出土していたことが明らかとなった。現帝京大学文化財研究所の平野修氏のまとめによれば、次のようである。現段階では、古代甲斐国における巨麻郡域の遺跡に製塩土器の出土が集中している。韮崎市宮ノ前第五遺跡は巨麻郡家関連遺跡とみられるが、そこで出土したものは、比較的遺存のよいもので、口径九・六センチ、底径五・一センチ、器高八・八センチである。巨麻郡域では、釜無川流域およびその支流河川域の遺跡から出土し、中でも南アルプス市（旧中巨摩郡八田村）野牛島・西ノ久保遺跡が破片数にして七〇六点とほかを圧倒している。大半が破片で製

巨麻郡家関連遺跡で出土した製塩土器
（山梨県・宮ノ前第5遺跡出土、韮崎市民俗資料館蔵）

塩土器の形状が判然としないため土器の粘土を分析した結果、その製作場所は南関東から東海地域、さらに地元の甲府盆地のものも含まれている。今のところ出土例は少ないが、塩は川を使って運ばれ、その一つのルートとして、八～九世紀において、富士川―釜無川を利用して太平洋沿岸からの製塩土器（塩）が甲斐国にもたらされていたことが分かってきた。

沿岸部から内陸に製塩土器ごと運びこむのは、沿岸部において塩水を煮沸煎熬（しゃふつせんごう）して塩の結晶を作る段階までにとどめ、内陸に土器ごと搬送し、そこで塩を焼塩処理し粗塩（あらじお）を精製したのであろう。内陸部では、その土器に染みこんだ塩分さえも、土器の破片ごと煮出すなどして無駄にしなかったのではないか。なお、この時に内陸の地元産の土器を用いて粗塩精製する例も報告されている。

古代の塩の道

古代国家は、生活必需品である塩を税として各地から都に貢納させた。一〇世紀の法令集『延喜式』に、塩の貢納国（こうのうこく）が記載され、また平城宮では各国から税として送られてきた塩の付札木簡が出土している。それらの国をみると、西国と参河（みかわ）・尾張（愛知県）、若狭（福井県）に限られ、遠江（とおとうみ）以東のいわゆる東国からはまったく送られていない。しかし、製塩遺構は日本列島の沿岸部では青森県まで確認されている。

奈良時代から平安時代前半にかけて、東北地方は政府軍と蝦夷（えみし）の戦争状態が続いていた。その戦いのための兵士と食料はおもに坂東（現在の山梨・静岡・長野を含む関東地方）が負担した。軍事物資のなかでも、塩は欠かせない重要なものであった。

　当時の記録によれば、出羽国雄勝城（秋田県）に佐渡国の塩が一二〇石（古代の一石は今の約四斗＝約七二リットル）、陸奥国志波城（岩手県）に越後国の塩三〇石がそれぞれ送られている。東国のうち、甲斐・信濃・武蔵・上野四国には朝廷に献上する馬を飼育する大規模な牧があった。当時の厩牧令という馬に関する法令によれば、良馬は一日に塩二勺（一勺は一合の一〇分の一）、中馬は一日に塩一勺を支給することと定められていた。馬にとっても塩は不可欠のものであった。東国の塩を都に貢納しなかったのは、東北戦争の軍事用と牧の馬の飼養用に向けられたからであろう。

　古代において、人にとっても馬にとっても塩は必需品であり、塩の道を明らかにすることは地域間交流の指標である。その交流を知るために、塩は遺跡では検出できないので、製塩土器に着目する動きが山梨県内でもはじまり、これから本格的に研究が進むに違いない。

　古代・中世そして近世における甲斐国の塩はどこから？　また甲斐国の歴史に新たな研究テーマが誕生した。

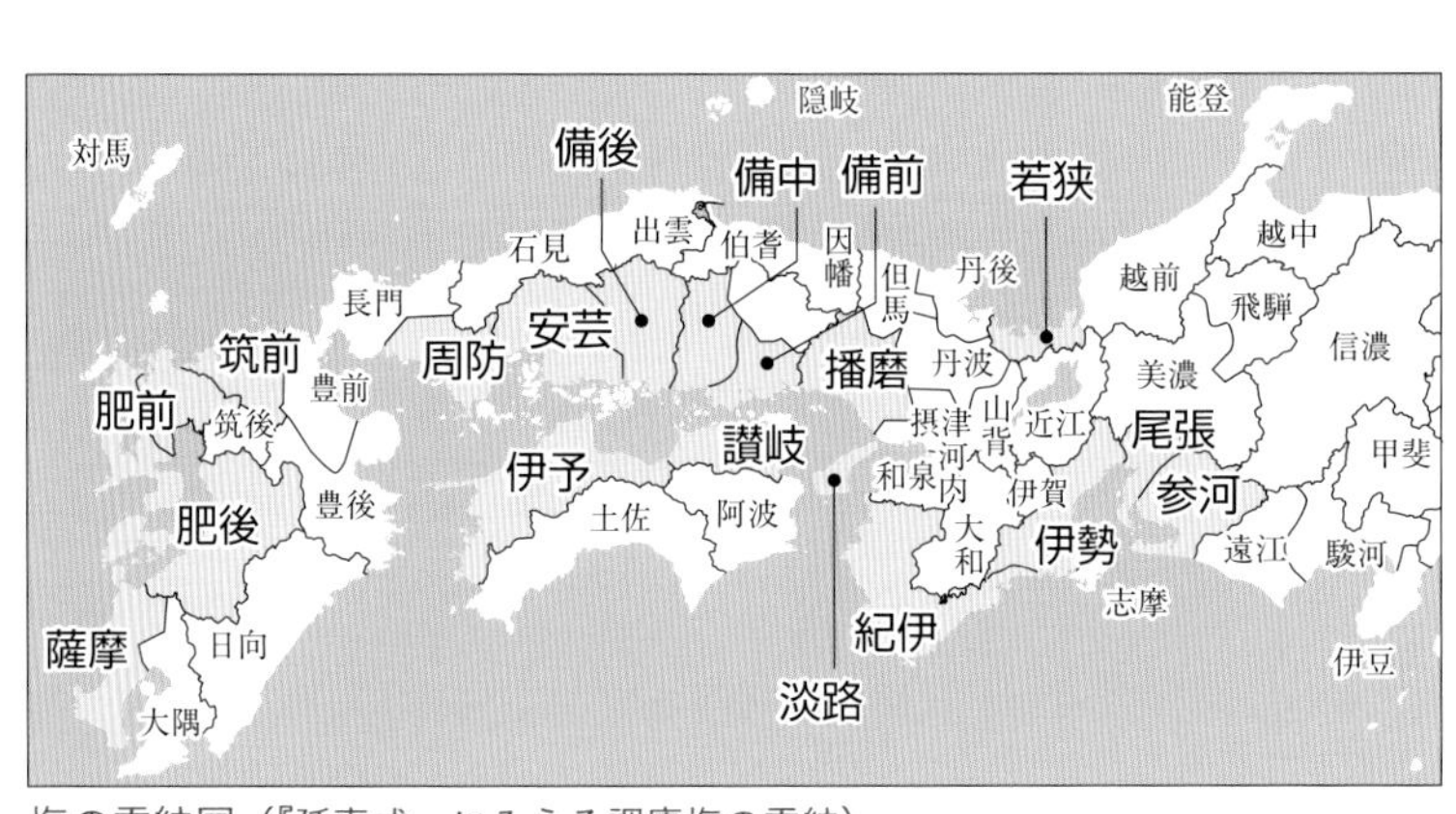

塩の貢納国（『延喜式』にみえる調庸塩の貢納）

甲斐国の特産品
伝統工芸の原点

甲斐から都に運ばれたクルミや鹿革

古代の木簡は、現在までに約三二万点ほど全国各地で出土しているが、戦前の数点を除いて、初めて多量に発見されたのは、一九六一年（昭和三十六）、奈良県平城宮跡中央北部（第一次大極殿地区の北）のごみ捨て穴からの三一点であった。このごみは、宮内省の大膳職という宮中の会食の料理などをつかさどった役所が捨てたものであることがわかった。

その木簡三一点のうちの三点は甲斐国山梨郡から税として都へ進上した「胡桃子」（クルミの実）の荷札で、「天平宝字六年」（七六二）という年紀も記されていた。

古代の甲斐国は、クルミ（胡桃）の特産地で、実や油を都へ貢進していた。胡桃（呉桃とも書く）という文字は、清少納言が『枕草子』の中で、「見るにことなることなきものの文字に書きてことごとしきもの」（大げさな漢字表記のもの）の例として、覆盆子などと並んで「胡桃」「呉桃」（くるみ）を挙げている。

クルミは中国では、西域からもたらされたことから「胡弓」「胡麻」「胡椒」などと同様に「胡桃」と書き、日本では、中国（呉国）から伝わってきたことから「呉桃」と表記した。「呉服」はもともと、呉の織り方によって織り出した布のことで、「くれはとり」と読み、のちには織物の総称「ごふく」となった。また「紅」を「くれない」と読むが、もとは「くれのあい」（呉藍、いわゆるベニバナ）の略である。甲斐国では、中男作物（一七歳〜二〇歳の男子を使役して調達した物品）として紅花が都へ送られている。

胡桃のほか、甲斐国の代表的な特産物としては、やはり山国として鹿や猪などがあげられる。特に、鹿は「鹿脯」（鹿のほしじし。蒸して平らにのばし干した肉で、今のジャーキーにあたる）、鹿皮（毛皮）、鹿革（なめしがわ）を中央へ貢進している。猪は、諸国のなかで甲斐と美作二国だけが「猪脂」を税として納めている。猪の脂は、現在でも漢方薬として使用する。

「胡桃子」の記された木簡
（平城宮出土、奈良文化財研究所蔵）
表面に「『甲斐（追筆）』山梨郡雑役胡桃子一古」（右）、裏面に「天平寳（宝）字六年十月」（左）と記す。

織物生産が進んだ甲斐

古代において、穀物栽培以外の主要な生業として織物がある。織物生産では、隣の信濃国は、有名な信濃布（シナノキの皮をさらして、細く糸に割いて織った布）の特産地であった。布は麻などの植物繊維の織物のことであるのに対して、絹と絁（あしぎぬ）（太糸で織った粗製の絹織物）などは蚕糸（さんし）を織ったものである。『続日本紀』和銅四年（七一一）条に「挑文師（あやとりのし）（錦綾の織り方の技術指導者）を諸国に遣わして始めて錦綾を織ることを教へ習はしむ」という記事があり、これをもって一般的には、先進的な養蚕技術が東国にも導入され、全国的に絹糸系繊維に切り替えられたように理解されていた。しかし、古代の東国各地では麻が広く栽培されており、調庸など中央への貢進物の中心は麻布とされていた。これに対し、甲斐国はほかの東国諸国に比べて早くから絁生産が始められていたのである。

古代国家においては、衣服は身分を明確に外部に示す表徴（目印）の一つであった。都の貴族は高級な絹織物、庶民は一般的には麻布を身にまとった。税として中央へ貢（こう）進（しん）する繊維製品の場合、反物の形態で、その首端と尾端に、「国・郡・里・戸主姓名年月日」を墨書し、国印を捺（お）すことと定められていた。そのために、奈良・正倉院

正倉院調庸関係
繊維製品の諸国分布

国名	布	綾・絁
遠江	0	4
駿河	1	0
伊豆	2	1
甲斐	0	2
相模	6	0
武蔵	8	0
安房	1	0
上総	14	0
下総	5	0
常陸	17	2
近江	0	1
信濃	7	0
上野	8	1
下野	2	0
越中	0	1
越後	1	0
佐渡	2	0
丹後	0	1
伯耆	0	1
播磨	0	1
紀伊	0	1
阿波	0	1
讃岐	0	5
伊予	0	1
土佐	0	1

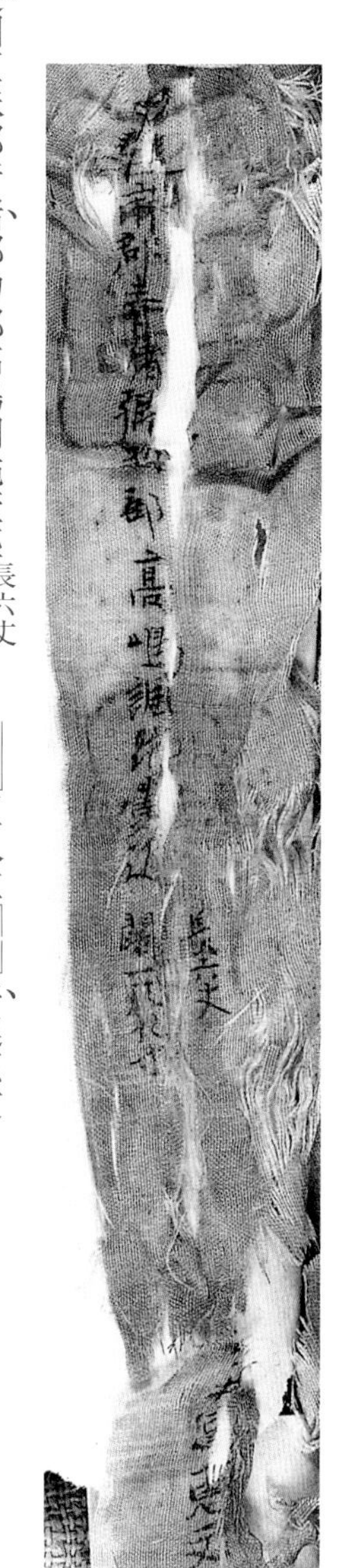
太孤児面袋の白絁裏に記された銘文（正倉院宝物）

甲斐國巨麻郡青猪郷物部高嶋調絁壹匹長六丈闊一尺九寸　□正八位□井連惠文

〔闊＝広　傍点部分が筆者による新釈読〕

に現存する官人の衣装や宝物の袋などには、墨書銘があり、税（調と庸）を出した国名が確認できるのである。

前頁の表からもわかるように、西の国々からの貢進は、綾（斜線模様に織ったもの）や絁などの絹織物であるのに対して、東国は麻布を中心とする。これは、古代国家が、都における貴族たちの高級絹織物と、中・下級の官人の日常衣服のための麻布の確保を十分に配慮し、西国と東国に負担を巧妙に配分したのであろう。その配分の中で、甲斐国は、東国では異例ともいえる絁を都へ送っている点が注目される。いうまでもなく、絹織物生産は、古代中国・朝鮮からもたらされた外来技術によるものである。この背景はすでに紹介した甲斐国が渡来人の集住の地であることと無関係ではないであろう。正倉院に遺る甲斐国調絁の一例は図のとおりである。

正倉院に残る甲斐の絹織物

これは甲斐国から貢進された絁を用いて作られたもので、天平勝宝四年（七五二）四月九日に実施された東大寺大仏開眼会の当日使用した太孤児という伎楽面を入れる袋である。なお、ここに見える「青猪郷」は現在の甲府市の南東部にある青沼町にあたる。

このほか、のちに戦国大名武田氏の軍学書『甲陽軍鑑』（元和年間〈一六一五～二四〉には成立していたとされている）には、武田信玄が二度にわたり織田信長の執拗な求めに応じて、一〇〇〇から三〇〇〇桶もの大量の漆を送ったと記されている。古代から甲斐国は漆の栽培も盛んであったと想定される。

山国である甲斐国は特産物として鹿や猪を都へ納めた。その鹿革と漆が江戸時代に結合して印傳という工芸品を生み出し、また東国の中でも絹織物生産の盛んな地として、のちに甲斐絹へと受け継がれた。山梨の伝統工芸の原点は古代にはっきりと求めることができよう。

働く古代の人びと
布をめぐる労働の実態

布生産は男性も行っていた

一般的に田植えや機織りなどの仕事は、早乙女（さおとめ）、織女（しょくじょ）というイメージが強く、もっぱら女性による労働と考えられがちである。しかし、近年の木簡などの出土資料をみると、古代社会においてその実態は従来のイメージとは大きく異なることが明らかになってきた。

南北に長い長野県を、文字通り大きく蛇行する千曲川（ちくまがわ）は、更埴（こうしょく）平野（現千曲市）のあたりで北東へ屈曲する。その流れのゆるやかになる地点に屋代（やしろ）遺跡群が立地している。この屋代の地は、豊かな水田が広がり、早くも古墳時代の四世紀後半に森将軍塚（もりしょうぐんづか）をはじめとする巨大な古墳群が出現し、その後も信濃国の中核的拠点となった。

一九九四年の長野県埋蔵文化財センターによる屋代遺跡群の発掘調査で一三〇点の木簡が発見され、それらの内容から、そこが埴科郡家（はにしなぐうけ）（郡役所）であったことが判明した。その木簡のなかには、人名を何十人も連記し、それぞれの人名の末尾に「布手（ぬのて）」と記した作業記録のようなものが見える。

□金刺ア富止布手、□布手
刑マ真□布、　酒人□（石）布手、　金刺舎人真清布手、
（「、」は照合のしるし）

布は麻布を指すが、「布手」という語はこれまでの史料にはない。しかし、「織手（おりて）」「作器手」などのように、「手」は手工業生産に携わる人を示している。こうした例から、「布手」は布の生産に従事する者とみてよい。

この木簡の「布手」は、「富止」「真清」などの名前からして、すべて男性である。このあたり一帯を支配した豪族（郡司など）は、郡家の工房に大規模な織機をそろえ、支配下の男性を「布手」として多数動員し、大量の布を生産したのであろう。それが中世以降の信濃の特産物、いわゆる「信濃布」として有名になっていった。

千曲川の屈曲点に当たるこの一帯では、頻繁に洪水が起こった。その洪水によって堆積した砂の下から、たくさんの植物の種子が採取された。イネ、ナス、ベニバナ、クリなど多くの種類が確認されたが、特にアサ（麻）の実がけた外れにたくさん含まれており、ここに大量のアサが集められていたことがわかる。

この地方の豪族は、多量のアサの繊維を、大型の機織機（はたおりき）を用い多数の「布手」を動員して、上質な麻布（信濃布）へと織りあげていたのである。その上質な麻布は、信濃の豪族によってほかの地域、たとえば海岸部の豪族の生産する塩や海産物などと交易されたであろう。品質の劣る麻布は、生産に動員された「布手」たちの名のもとに税（調庸布（ちょうようふ））として都へ進上されたのではないか。このような交易活動と生産構造のもとで、八世紀半ば以降、調庸物の「麁悪（粗悪品）・未進（未納）・違期（納期におくれること）」

が中央政府を悩ますこととなるのである。

明らかになった田植え労働の実態

福島県いわき市の荒田目条里遺跡から出土した木簡も、当時の田植えの労働の実態を鮮明にものがたっている。荒田目条里遺跡は陸奥国南部の磐城郡の郡家の一角にあたる。

そこから出土した木簡の中に、郡の長官（大領）から里長の妻「里刀自」に出された命令書（郡符という）がある。この郡符は、五月一日に発行され、郡の大領という役職に支給された六町の田（職田）の田植えのために、五月三日までに農民を召し出したものである。郡符を受け取った里刀自は農民（三三人）を率いて郡家に赴いた。そこで郡の役人は郡符に記された人名と召し出された人物とを照合した結果、参加者には人名の右上に合点（、）を記したが、二人は不参加である

更埴平野を流れる千曲川と屋代遺跡群（長野県立歴史館提供）

ことが判明し、その人名の左上に「不」と記し、総計「合卅四人」(三四人)と記載した。田植えのために動員された三四人のうち、女性は里刀自を含めて「壬部福成女」と「太青女」の三人のみである(166〜167頁図・釈文参照)。

ただ、これらの里人を引き連れて郡家に赴いたのが里長の妻(里刀自)であった点は注目しなければならない。里長は国家支配の末端をになう役人として、租税のとり立てや戸籍・計帳作成の際の住民移動の申告などに従事するために、郡家に頻繁に出仕していたのであろう。それに対して、集落内の各戸の構成員の動向を的確に把握し、農業経営に力を発揮したのは里長の妻たる里刀自であったであろう。

古代の税として納められた布

古代においては、調・庸という税制があり、甲斐国では調として絁(あしぎぬ)(太糸で織った絹布)などの絹織物を納めた。税は二一歳から六〇歳までの成年男子に課せられ、六一歳から六五歳の男子はその二分の一、一七歳から二〇歳は四分の一の負担であった。

その調の布は長さ二丈六尺(約七・八メートル)、幅二尺四寸(約七三センチ)と定められていた。庸は一年に一〇日間の割合で無償労働に従事すべきものだが、実際は調布と同じ長さの二丈六尺を代納することになっていた。調庸布の首端と尾端には、貢納者の名を「甲斐国山梨郡〇〇郷戸主〇〇〇〇調絁〇丈　天平〇〇年〇〇月」などと墨書して国印(「甲斐国印」)を押すのである。これらの税を中央に運ぶのも税を課せられた人びとで、その中から選ばれた人(運脚夫(うんきゃくふ))は、ほかの人びとが均等に負担した往復の費用と食料を、税

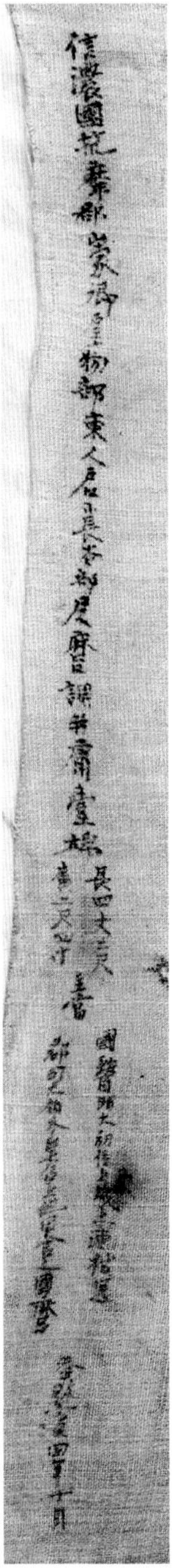

物である織物とともに背負って都へ向かった。さらに調庸布には、その徴収などの実務担当役人として国司・郡司の名前が記されていた。

　これらの調庸布は都で衣服や調度品の袋などに仕立てられた。両端の貢納者などの墨書銘は、現在でも奈良・正倉院の数多くの遺品により知ることができる。

　正倉院には、天平勝宝四年（七五二）の東大寺盧舎那仏像、いわゆる東大寺大仏の開眼供養会のために作られた伎楽面がある。伎楽は呉楽（くれのうたまい・くれがく）ともいい、仮面音楽劇の一種で、舞楽の先駆となるものである。その仮面（伎楽面）の一つ・太孤児面を入れた袋は、白絁裏の銘文によって甲斐国から調として貢進した絁で作られたことがわかった（148頁図参照）。

【新釈文】

・甲斐國巨麻郡青猪郷物部高嶋調絁壹匹　長六丈 闊一尺九寸　□正八位□□井連恵文

［傍点部分が新釈読］

　このうち、「□正八位□□井連恵文」の部分は、調庸物徴収などの実務担当役人の署名に相当する。この人名は国司署名とみて、しかも八世紀半ば前後に活動している人物と想定するならば、文献

調庸布墨書銘
（正倉院宝物）

史料上に記載されている「葛井連恵文」という人物が浮かび上がってくる。歴史書『続日本紀』天平宝字二年（七五八）七月条によると、光明皇太后（聖武天皇の皇后。孝謙天皇の母）の治療にたずさわった医療関係の官人三名がその功績をたたえられ高い位階を授かっている。その筆頭が「葛井連恵文」であり、のこりの味淳（酒）龍丘・難波連奈良の二名は、いずれも典薬助、内薬頭を歴任している医療関係の渡来氏族である。おそらく葛井連恵文も医療関係の官人で、さらに甲斐国にかかわるとすれば、国医師が最もふさわしい職名である。国医師は、国博士とともに国内からの任用が建前とされたが、実際はほとんど中央から派遣され、医療以外に諸国史生（書記官）同様の行政事務にも従事していたのである。

高度な古代の技術
印の鋳造と紙継ぎの糊

古代の技術を考える

二〇一五年は、大村智氏（山梨県韮崎市出身、北里大学特別栄誉教授）のノーベル医学・生理学賞受賞に日本中が沸きたった。毎年二億人以上を感染症から救うという偉大な薬の研究開発に対する受賞である。もうすでに有名なエピソードであるが、大村氏は静岡県伊豆半島のゴルフ場近くの土の中から採取された菌を分析し、家畜の寄生虫駆除に効果を発揮する物質を発見した。この物質から開発された薬「イベルメクチン」は、動物の寄生虫だけでなく熱帯地方にまん延する失明を引きおこすオンコセルカ症に絶大な効果を発揮したという。まさに自然がもたらしたきわめて安全な薬とされている。

古代社会にも自然の素材と人間の叡智から生み出された数々の技術があった。大村氏の偉業を機に、現代においても輝きを失わない「古代日本の技術」に注目してみたい。

青銅のはんこの鋳造技術

「はんこ」（青銅印）について、その鋳造技術を紹介したい。天皇の印「天皇御璽」をはじめ、「太政官印」「諸司印」、「甲斐国印」などの諸国印にいたるまでの古代の行政に関わる公印である青銅（銅とスズとの合金）印の現物は一点も遺っていない。その青銅印が正倉院文書や絹・麻など織物に捺された印のあと（印影）によって字体・大きさ、さらに字画線の幅を知ることができる。その幅がきわめて細く、ほぼ線状であるのに驚く。

八〜九世紀代の印の実物は、「法隆寺印」が確実な伝世印として知られている。「法隆寺印」は法隆寺献納宝物として一八七八年（明治十一）に法隆寺から皇室に献上され、一九四九年（昭和二十四）に国有となった三一九件の宝物の一つである。正倉院宝物よりも一時代古い飛鳥・白鳳期（七世紀）の作品が多い。

その法隆寺印は外枠を欠くが、国印の文字の太さ（約一ミリ）とほぼ同じで、彫りの深さも九ミリある。長野県歴史博物館が「信濃国印」を復元模造した際には、法隆寺印を参考に製作した。

その方法は印の文字および外枠を直接鋳型に彫り込み（正位文字）、その上に蜜蝋（ミツバチの巣を加熱、圧搾して採取した蝋）で造られた鈕（つまみ）をかぶせるように取り付け、文字の彫られた鋳型と蜜蝋の鈕を一緒に焼成して蝋を流し出したあとの型に地金を溶かして流しこみ鋳造した。

法隆寺印（東京国立博物館蔵）

失われる鋳造技術

さて、それではこうした古代印のあり方は、その後、どう変化したのであろうか。岩手県平泉町柳之御所（やなぎのごしょ）遺跡は、これまでの発掘調査により、一二世紀後半のもので、奥州藤原氏三代秀衡（ひでひら）の隆盛期にあたる。

一九九九年（平成十一）の発掘調査で、直径約二・四メートル、深さ約三・〇メートルの井戸跡が検出され、青銅印「磐前村印（いわさきむら）」がその井戸の中からきわめて良好な状態で出土した。「磐前村印」は、これまで全国各地から出土した印の中でも、もっとも状態のよいものである。当初、発掘に携わった作業員が落とした十円銅貨ではないかと一瞬勘違いしたほど、真新しい赤銅色の輝きがあったという。大きさは四・七センチ角、高さ三・七センチ、重量一六七・四グラムである。

印面の文字の彫り方はきわめて浅く、鋳出後にタガネ工具で部分的に字画の切れ目を補ったり底部をさらったりしており、字画の断面が逆U字形となっている。この点も、「法隆寺印」をはじめ、八世紀から九世紀の出土印は彫りが深く、字画の断面が逆V字形である点と異なっている。

印面

出土した状態

岩手県平泉町の柳之御所跡出土の「磐前村印」（岩手県教育委員会蔵）

また、密度（物質の単位体積あたりの質量）に注目してみると、「磐前村印」は約八・〇グラム／立方センチである。これまでの全国各地の出土印・伝世印の分析結果では、古代印の密度は平均七・〇グラム／立方センチ前後、近世印は平均八・五グラム／立方センチ前後という傾向を示している。この密度の相違は、鋳造技術の差を示している。古代印と想定される青銅印は、エックス線透過撮影によると、全体的に均一な細かい鬆（空洞部分）がみられるのに対して、近世印には見いだすことができない。

この青銅印全体に細かく鬆を入れる鋳造技術が、古代印の密度をおおむね七グラム／立方センチ台と低く保ち、重量を軽くしているとみられている。大根や豆腐などでは鬆のあることは品質が劣ることを意味するが、青銅印や古墳出土の鏡、正倉院宝物の鏡などに全体に細かく鬆を入れるのは、現代の名工でも再現できないほど高度な鋳造技術であるという。一方、近世印は鬆が全体的に認められず、そのため密度が高く、ずっしりした重量感がある。青銅印「磐前村印」の重量と密度は、むしろ近世印に近い。

そもそも古代印は、古代国家の文書行政にともなってその存在意義をもったものである。したがって古代国家の変質とともに、一〇世紀以降の古代印は形式化し、それ以前の公印にみられる国印・郡印などの厳密な区分や、公印と私印との識別基準もしだいに失われていったと想定できる。

正暦二年（九九一）の大和国「添上郡印」は印影しか残っておらず、彫り方などの情報は知りえないが、明らかに八、九世紀の郡印とは異なり、「磐前村印」へと連続する特徴をみることができる。そして、一二世紀後半という明確な年代をもつ「磐前村印」は、そうした一〇世紀以降の古代印の変遷にきわめて合致する特色をもっているのである。さらに鋳造技術の点についていえば、おそらく一〇世紀以降は深い彫りも、軽量に仕上げる高度な技術も失われ、浅い彫りで、より密度の高い近世印へと続いていったのではな

鬆が全面に確認できる銅印（永嶋正春氏撮影）
宮城県鼻節神社蔵「国府厨印」のX線透過撮影。

10世紀の大和国の郡印「添上郡印」印影

8世紀の越前国の郡印「坂井郡印」（「正倉院文書」より。天平宝字2年〈758〉に捺された印影）

いか。優れた技術が必ずしも継承されていくとはかぎらないことに留意したい。

和紙と紙継ぎの糊の技術

二〇一四年、国連教育科学文化機関（ユネスコ）無形文化遺産に「和紙・日本の手漉（てすき）和紙技術」が登録された。伝統的な手漉きによる和紙の技術として認められたのは、島根県浜田市の「石州半紙（せきしゅうはんし）」、岐阜県美濃市「本美濃紙」、埼玉県小川町・東秩父村「細川紙」の三つである。

いずれも三年間育てた楮を原料として日本特有の「流し漉き」と呼ばれる製紙技法で紙を漉いている。化学薬品はいっさい使用しない。漉き上がった紙は強靭な性質をもち、障子紙や書画用紙、さらには文化財保存修理用紙として近年、とくにヨーロッパなどでも盛んに使用されている。

なかでも本美濃紙は、一三〇〇年前、美濃国(当時は「御野国」と表記)から奈良の都に提出した大宝二年(七〇二)の戸籍が、現在も奈良・正倉院宝庫にみごとに遺っている。

美濃国戸籍には、一行に一人記載し、二七〇〇人以上にのぼる名前が遺されている。戸籍は国家が人を支配するための基本台帳となるもので、六年に一度作成され、里ごとに一巻にまとめられた。古代の一枚の紙は、通常縦約一尺(当時三〇チセン弱)、横約二尺(同六〇チセン)であったので、紙を貼り継いで一里一巻の巻物に仕立てたのである。一三〇〇年前の御野国戸籍は紙継ぎの糊代三ミリ程度で貼り継がれているが、驚くべきことに、糊部分の紙が変質・変色することなく、糊離れもまったくない。一万数千通の正倉院文書全体も同様である。この貼り継いでいる接着剤は、大豆糊である。

平安時代の五〇巻から成る法令集『延喜式』は、古代の百科全書ともいわれるが、大豆糊の製法も記されている。この製法を復元した岡田文男、秋本賀子の両氏によれば、豆乳をゲル状になるまで煮詰めたものとされ、実験の結果、大豆一升(当時の一升は今の量の約〇・四五升。重量六〇〇ムグラ)から約二〇〇ムグラの

本美濃紙の紙漉き

約3ミリの紙継ぎ（糊代）

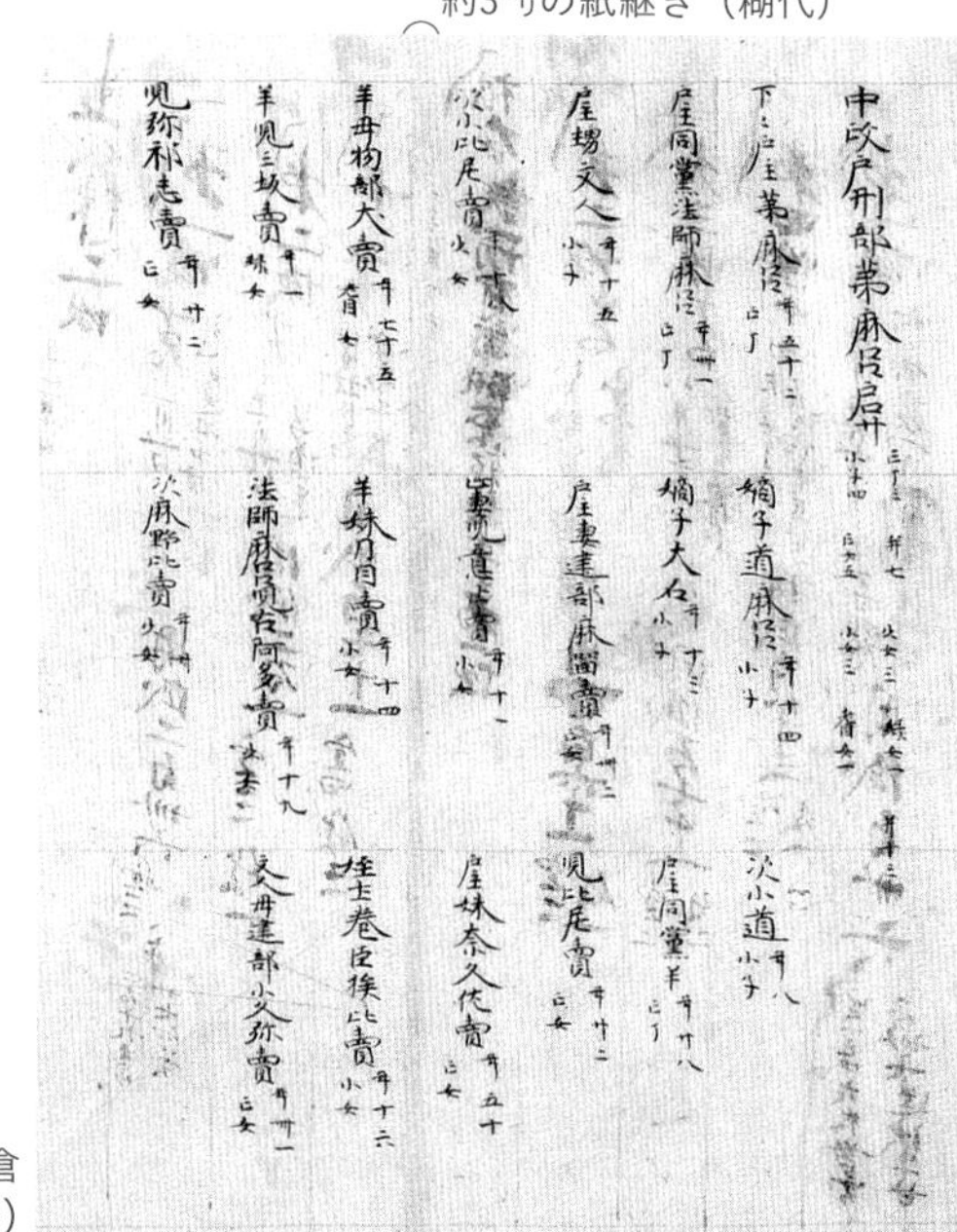

大宝二年の御野国戸籍（部分、正倉院文書、御野国本簀郡栗栖田里戸籍）

約3ミリの紙継ぎ（糊代）

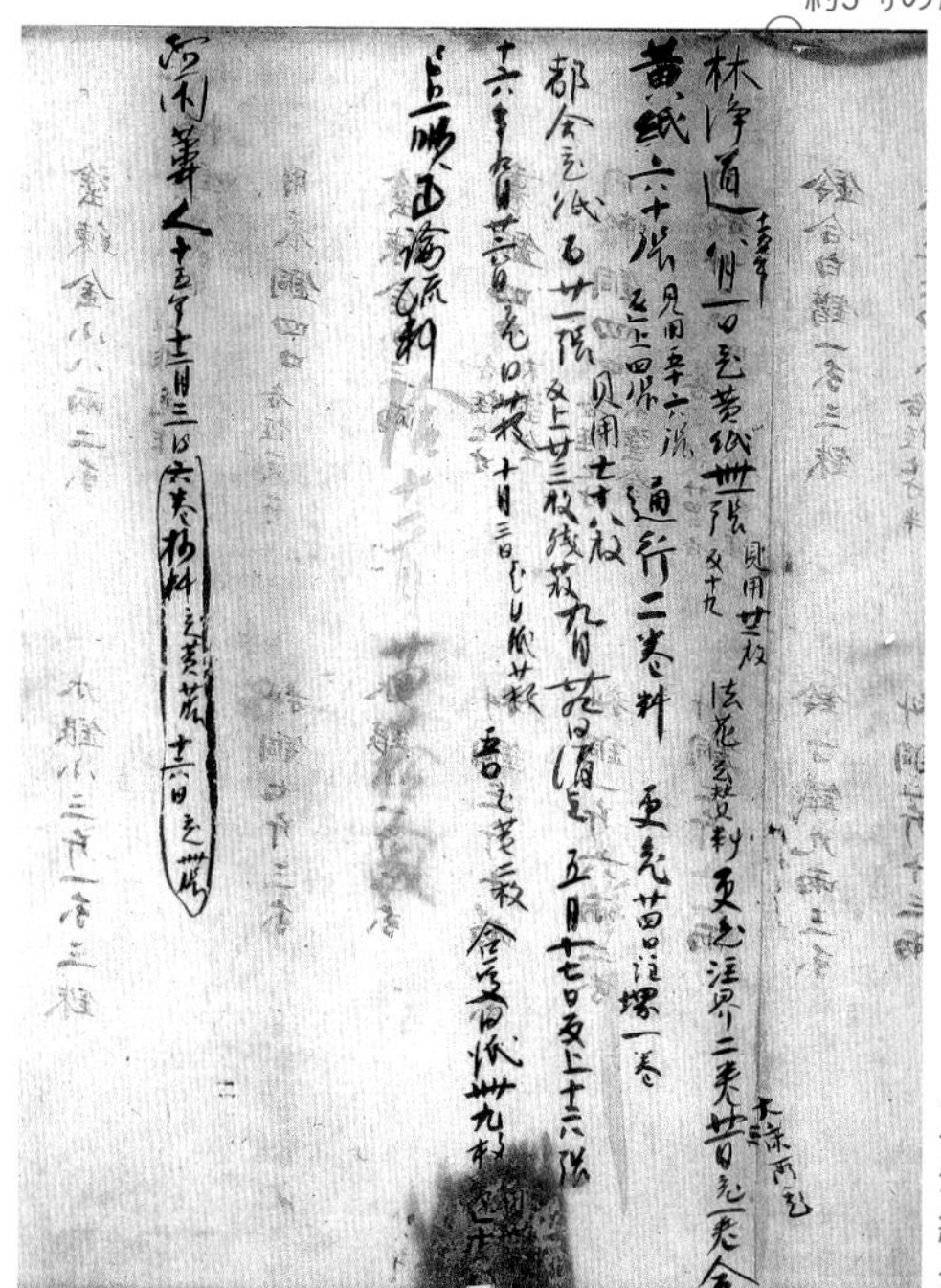

正倉院文書の紙継ぎ（正倉院宝庫外文書、天平十五年常本充紙帳）
継ぎ目からわずかにはみ出た濃い黄色が大豆糊

糊が得られ、約一〇〇〇枚分の紙継ぎができる。古代の文献にも大豆一升によって一〇〇〇枚から二〇〇〇枚の紙継ぎが行われていたことが記されている。

大豆糊から米糊への変化

この大豆糊は古代末（一〇世紀以降）には、米糊（こめのり）に替わってしまう。製法が時間と労力を要する大豆糊から、きわめて簡単な米糊に移行してしまった。米糊といえば子供の頃、手作りの凧（たこ）の足として新聞紙を細長く切って「ごはんつぶ」で粘り付けた経験は私たち世代の人たちにはあるであろう。古代の人びとは一〇〇〇年以上糊離れしないことを求めたのではなく、当面接着すればよいと考え、製法の簡単な糊に移行したのは当然といえよう。

現在の市販の化学糊は、数十年ほどで糊離れや接着面の紙の変質をもたらすこともある。紙も現在の酸性紙は一〇〇年も経ないうちに変質し、破損状態となることが、大きな問題となっている。一三〇〇年も完存している美濃紙にはとうていおよばない。

このような、古代の高度な技術も長い歴史のなかで需要と供給の関係から捨て去られてきている。ここで改めて現代の科学技術に比して優るとも劣らない「古代の技術」に学ぶことを提言したい。

古代の女性有力者
農業経営と蓄財の手腕

女性活躍社会

二〇一六年四月一日、女性活躍推進法が施行された。労働者三〇一人以上の大企業は、女性の活躍推進に向けた行動計画の策定などが新たに義務づけられた。その取り組みの実施状況が優良な企業は、申請により、厚生労働相の認定を受け、商品などに認定マークを付することができるという。

長い歴史のなかで抑圧されてきた女性がこうした政府のかけ声のもとで、はたして活躍が可能となるだろうか。日本社会において歴史的に強固に築かれた女性差別を一掃するには、さまざまな制度改革はもちろん、意識改革が必要となろう。

そこで古代社会における「女性活躍」の実像はどのようであったか描いてみたい。

郡司の命令が書かれた木簡

私が古代の力強い女性に遭遇したのは、一九九三年（平成五）のことである。福島県いわき市荒田目条里遺跡から出土した九世紀半ばの、約六〇センチの長大な木簡にその女性のことが記されていた。

この地は古代の陸奥国磐城郡で、太平洋に面した港湾都市である。荒田目条里遺跡は福島県南部を流れる夏井川の河口から約三キロさかのぼった右岸の沖積層上に位置し、その北側の低湿地一帯は古代の土地区画（管理）制度である条里制遺構がある。

この木簡とはじめて接した時の衝撃は今でも鮮明に記憶している。記載内容は、冒頭の「郡符」から明らかなように、近年各地で出土している郡司（郡の役人）からその支配下の里などの責任者に宛てて出された符（命令書）、いわゆる「郡符木簡」である。

郡符木簡はすべて大型であることを特色とする。通常の木簡は長さ二〇〜

空から見た荒田目条里遺跡
（いわき市教育委員会提供）

三〇チセン程度であるが、郡符は完形のものでみると、約六〇チセン近くある。古代の寸法でいえば約二尺（一尺は約二九・八チセン）に相当する。また字の大きさも、正倉院文書などの帳簿の文字と比べると五倍近い。郡符木簡を長大かつ大きな文字で記すことは、郡司の権威づけであるとみてよい。しかし、その権威をどのように村人たちに示すのか。おそらく郡司は広場に村人たちを集め、長大な木簡を掲げ、口頭で木簡に書かれた命令内容を伝えたのではないか。

なお、各地の郡符木簡は、召喚された人や物とともに郡家（ぐうけ）（郡役所）に戻り、いずれも刃物を入れて周到に破棄されている。二次的に悪用されないための方策であり、当時の文書行政がシステマティックに行われていた証拠であろう。

命令の宛先責任者は女性

荒田目条里遺跡の郡符木簡も長さ五九・二チセン、まさに二尺の短冊形の完形木簡である。木簡の年代は九世紀半ば。現状では二片に分かれているが、これは木簡の廃棄の際に、刃物で両面から若干切り込みを入れ、折られて廃棄されたもの。

郡符の宛先は「里刀自（さととじ）」とみなしてよい。里刀自とは里長（さとおさ）の妻で、里刀自に続いて農民らの名が三五人列記されている。

・「郡符　里刀自、手古丸、黒成、宮澤、安継家、貞馬、天地、子福積、奥成、得内、宮公、吉惟、勝
　法、圓隠、

、百済部於用丸　、真人丸　、奥丸　、福丸　、蘓日丸　、勝野　、勝宗　、貞継
、浄人部於日丸　、浄野　、舎人丸　、佐里丸　、浄継　、子浄継
、丸子部福継『不』足小家
、壬部福成女
、於保五百継　、子槐本家　、太青女　、真名足『不』子於足『合卅四人』
右田人為以今月三日上面職田令殖可扈發如件」
・「大領於保臣　奉宣別為如任件□（宣カ）以五月一日」

（五九二×四五×六）

冒頭の「里刀自」の戸は氏名を略し、手古丸以下圓隠までをその戸の構成員と理解し、百済部（くだらべ）於用丸以下も氏を筆頭のみに記し、その構成員の氏を略した。「里刀自」の戸の構成員が圧倒的に多く、しかも「吉惟」「勝法」「圓隠」を僧名とすれば沙弥（しゃみ）（見習い僧）をも抱えた「有勢（有力者）の家」であろう。「右田人為以今月三日上面職田令殖可扈發如件」は郡符の召喚内容を示している。郡符は、裏面に記さ

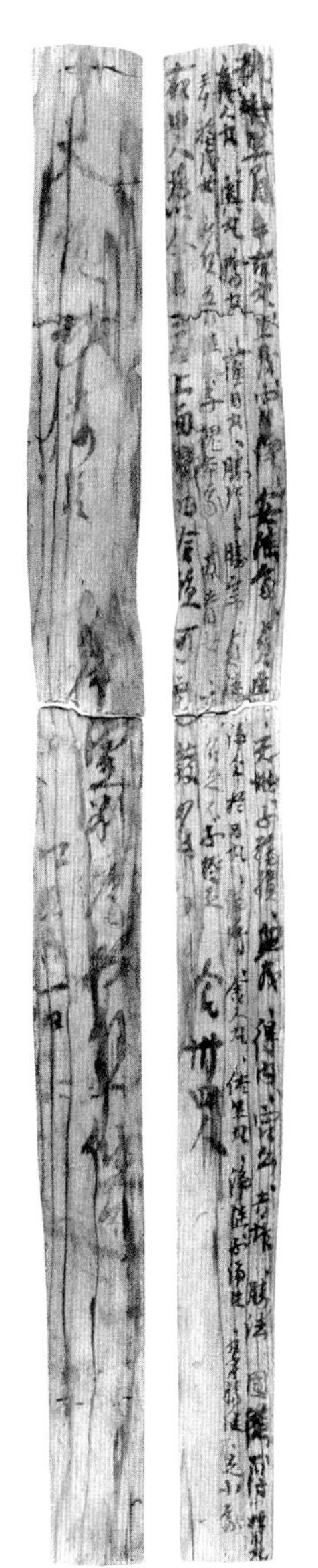
荒田目条里遺跡出土木簡（いわき市教育委員会蔵）

れた文書の年紀、五月一日に発行され、五月三日の郡司の職田（国から官職に応じて支給される田。大領＝長官の場合六町、少領＝次官の場合四町）の田植えのために、「扈発」の扈は雇に通じ、雇役、すなわち食糧・賃金を支給して、郡家（郡役所）の所在する磐城里の農民を召し出したものである。

名簿には里刀自（里長の妻）を含めて、三六人の名が記されているが、実際は里刀自が三三人の農民を率いて郡家に赴いた。そこで郡の役人は郡符に記された人名と召し出された人物とを照合した結果、参加者の右肩に「、」を、二人の不参加者の左肩に「不」と記し、総計里刀自以下「合卅四人」（合わせて三四人）と記載した。

郡の大領はみずからの広大な水田の田植えをするために、ご馳走と賃金を振る舞うことで農繁期に人を集め水田を経営した。しかし召し出された農民は、みずからの田の田植えの適切な時期を逸し、不作という事態を招くこともあったのではないか。

「刀自」とよばれた女性たち

日本の古代社会には「刀自（とじ）」とよばれる女性がいた。上層でいえば、天皇の妃のランクの一つ「夫人」の日本語の読み方（和訓）は「オオトジ（大刀自）」、一般社会では、「家長」「家室」の「家室」の和訓は「イエトジ（家刀自）」とよばれた。

この郡符の宛先の「里刀自」という事例は、『日本書紀』をはじめ、国家の編さんした歴史書にはみえない。郡符木簡の宛先は基本的には「○○里長」「○○郷長」である。たとえば長野県千曲市屋代遺跡群（ちくましやしろいせきぐん）

出土の郡符木簡は、信濃国埴科郡の郡司から管内の「屋代郷長里正等」に宛てたものである。席・鱒・芹などの物品と神事の建物を造営する人夫の徴発を命じている。郷長・里正という職名から郡―郷―里制下（七一七〜七四〇年ごろ）のもの。

里長は、教科書にも引用されている山上憶良の貧窮問答歌「楚取る　里長が声は　寝屋処まで　来立ちよばひぬ　かくばかり　すべなきものか　世の中の道」〈訳＝鞭を持つ里長の声は寝床まで来てわめき立てる。こんなにもつらく苦しいものか、世の中の道理というものは〉（『万葉集』巻五―八九二番）にみえるように、もっぱら課役徴発や治安維持など

「里刀自」と記された土器（津幡町教育委員会蔵）

【表】
符　屋代郷長里正等　敷席二枚　鱒□升　芹□
匠丁粮代布五段勘夫一人馬十二匹
□宮室造人夫又殿造人十人

【裏】
□物令火急召□□者宜行　少領

「屋代郷長里正等」に宛てた木簡
（長野県千曲市屋代遺跡群出土、複製、国立歴史民俗博物館蔵。原資料、長野県立歴史館蔵）

に従事した様子をうかがうことができる。里長は郡家による戸籍・計帳作成の際の住民移動の申告や課役徴発など行政上の一翼をになない、郡家に頻繁に出仕していた。

それに対して、福島県荒田目条里遺跡郡符木簡の発見によって、里（郷）内における各戸の構成員の動向を的確に把握し、農業経営に大きな力を発揮したのは里長の妻たる里刀自であることが明らかとなった。

郡司の妻たちの経済活動

つぎに、里を統括する郡の大領の妻に関わる日本最古の仏教説話集『日本霊異記』の一つの説話を紹介したい。

田中真人広虫女は、讃岐国美貴郡の大領の妻で八人の子の母である。広虫女は「富貴にして宝多く、馬牛・奴婢・稲銭・田畠など有り」という富豪の女性として描かれている。

彼女は強欲で村人から容赦なく取り立て、財をなした。ある日、病になり、夢の中で地獄の閻魔大王の前に召されて、次のように三つの罪を指摘された。

一つは、三宝の物（寺の物具）を多く用いて報いざる罪。二つは、酒を沽るに多の水を加えて多くの直を取る罪。三つは、一斗はいる升を両種用いて他に与える時には七目を用い、徴収する時には十二目を用いて収る。この罪によりて汝を召す。今汝に示すなり。

閻魔大王の宣告のとおり、広虫女は死後七日で、上半身、牛の醜いすがたで生き返った。その報いの凄まじさに恐れをなした周囲の者は、寺に財物を寄進し、貸借を帳消しにして罪業を軽くしようとしたが、彼女はやがてふたたび死ぬ、という来世の報いの恐ろしさを語ったものである。広虫女は美貴郡の大領の妻であるが、彼女は強欲な経済活動で巨富を築いた罪により、閻魔大王の裁きを受けた。

陸奥国磐城郡磐城郷（里）の「里刀自」も、讃岐国美貴郡大領の妻「広虫女」も、それぞれ独自に経済活動を展開した有力な女性であったことはまちがいない。

これらの女性の活躍の背景には、古代社会における夫と妻の関係、「家」の問題が大きく影響している。

古代の女性と家

独立した女性の活躍

女性有力者「家刀自」の活躍

群馬県高崎市にある古代の三碑「上野三碑」の一つ「金井沢碑」の碑文は現代語訳すると次のようになる。

〔現代語訳〕

上野国群馬郡下賛郷高田里に住む三家子□が（発願して）、祖先および父母の為に、ただいま家刀自の立場にある他田君目頬刀自、その子の加那刀自、孫の物部君午足、次の馸刀自、次の乙馸刀自の合わせて六人、また、仏の教えで結ばれた人たちである三家毛人、

金井沢碑（高崎市教育委員会提供）

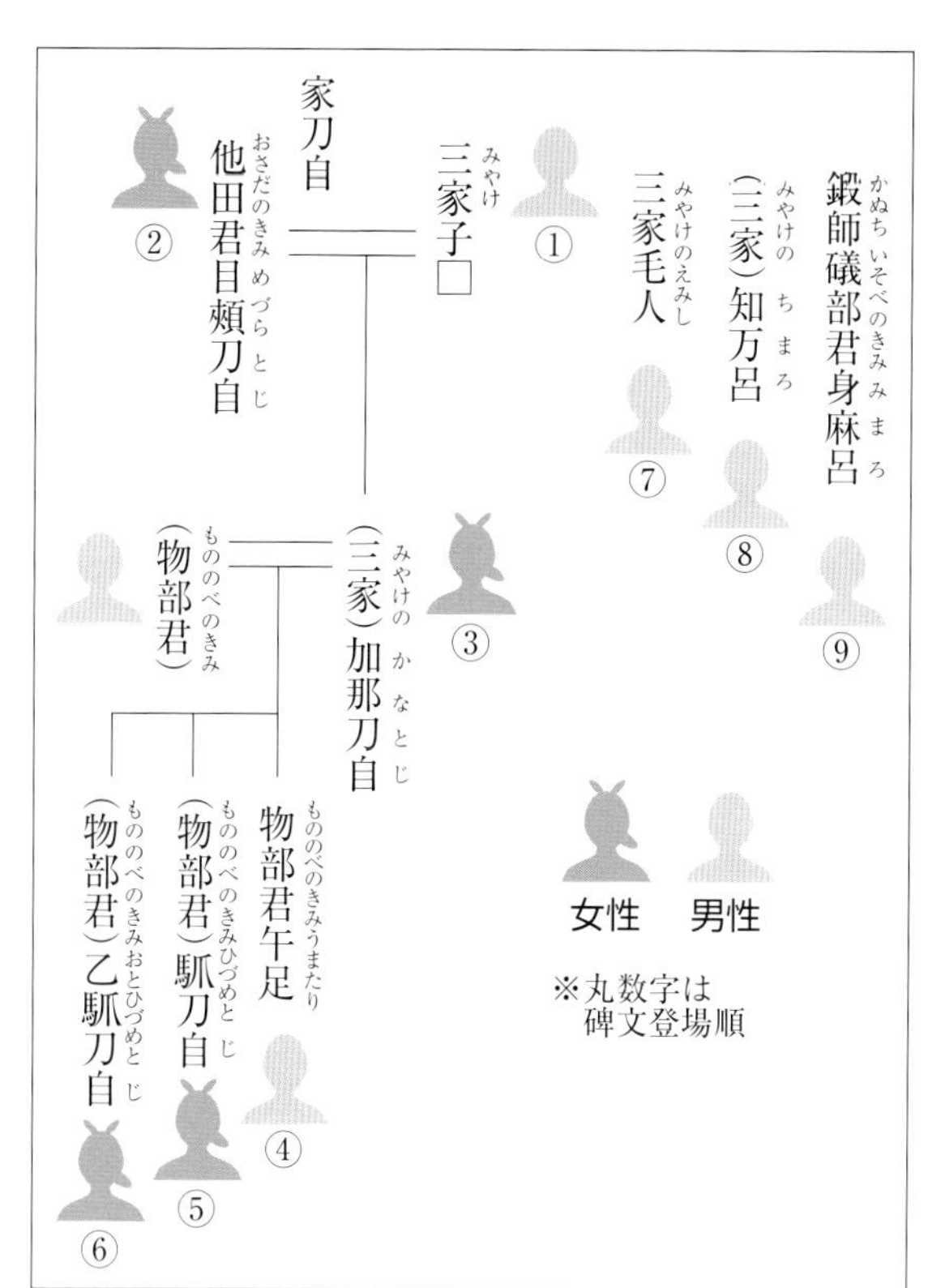

金井沢碑にみる家族・氏族

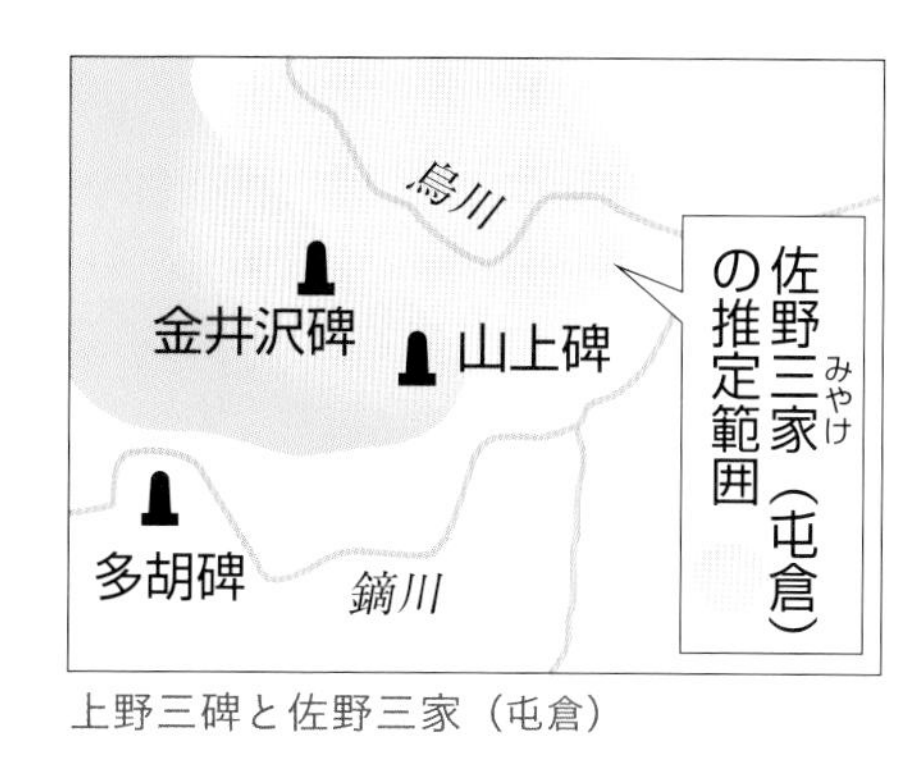

上野三碑と佐野三家(屯倉)

次の知万呂、鍛師の礒部君身麻呂の合わせて三人、これらがまとまって天地に誓い、仏に仕えることを誓った石文である。

神亀三年丙寅二月二十九日

石碑には、三家子□と「家刀自」と呼ばれる立場の女性「他田君目頬刀自」一族六人が祖先供養のために仏の教えで結ばれた人びと（知識）とともに天地に誓願したことが刻まれている。この上野国西部に立つ、山上碑、金井沢碑の建立者は六世紀から七世紀前半にかけてヤマト王権が軍事・経済の直轄地としておいた佐野三家（屯倉）を管理した豪族の子孫である。

その豪族の中核に「家刀自」が存在している。古代社会の刀自とは、豪族層などの有力者の女性に対する尊称であった。荒田目条里遺跡の郡符木簡に記された里の農業経営者「里刀自」を紹介したが、古代社会においては各地域の有力者「家刀自」も活躍している。

石碑だけでなく近年の各地の発掘調査でも「家刀自」の活動のすがたがみえてくるようになってきている。一例をあげると、千葉県山武郡芝山町の古代集落・山田遺跡群から出土した土器に「家刀自大神奉」と墨書されていた。家刀自がこの土器にごちそうを盛って、豊穣や延命などを願って大神に奉ったのであろう。家刀自が一族を代表して祭祀を挙行したのではないか。

金井沢碑の家刀自は仏教世界において「知識」を率いて天地に誓い、山田遺跡群の家刀自は、地域信仰の大神に一族や地域の人びとを率いて供物を奉って祈願している。

古代の夫婦や「家」の実像

七世紀後半、古代国家は新たに、それまでの村単位での生活・生産・貢納のシステムを廃止し、かわって「戸」を単位として、成人男性のみに租税・兵役などを負担させる制度を実施した。

「戸」は国家の民衆支配のために人為的に編成した単位であり、戸籍は租税と徴兵の台帳として作られた。「戸」はほぼ均等に三人から五人の成人男子を含み、一戸から兵士一〜二名を出せるように編成されている。しかし、成人女性は、成人男性の人数に見あうような均等な数で編成されてはいない。

日本の古代社会における女性の社会的地位、そして夫婦関係、さらに「イエ（家）」のあり方はどのようであっただろうか。

日本古代女性史研究の先駆者は高群逸枝氏（一八九四〜一九六四年）である。高群氏は自叙伝『火の国の女の日記』にあるように熊本県下益城郡豊川村（現宇城市松橋町）出身である。

高群氏によると、奈良時代以前には夫婦は通常、別居訪問婚の形態（古代の用語「妻問い」＝夫婦が同居せず、夫が寝所のある妻の家を訪れる）をとっていた。平安時代には妻方居住（古代の用語「婿取」、高群氏は「招婿婚」と名づけた）が行われたが、室町時代以降は嫁取婚（妻が夫方の家族に包みこまれる夫方居住）が広まっていくとした。高群氏の見解はその後の研究によって修正が加えられてきているが、依然としてその研究業績はきわめて大きいといえよう。

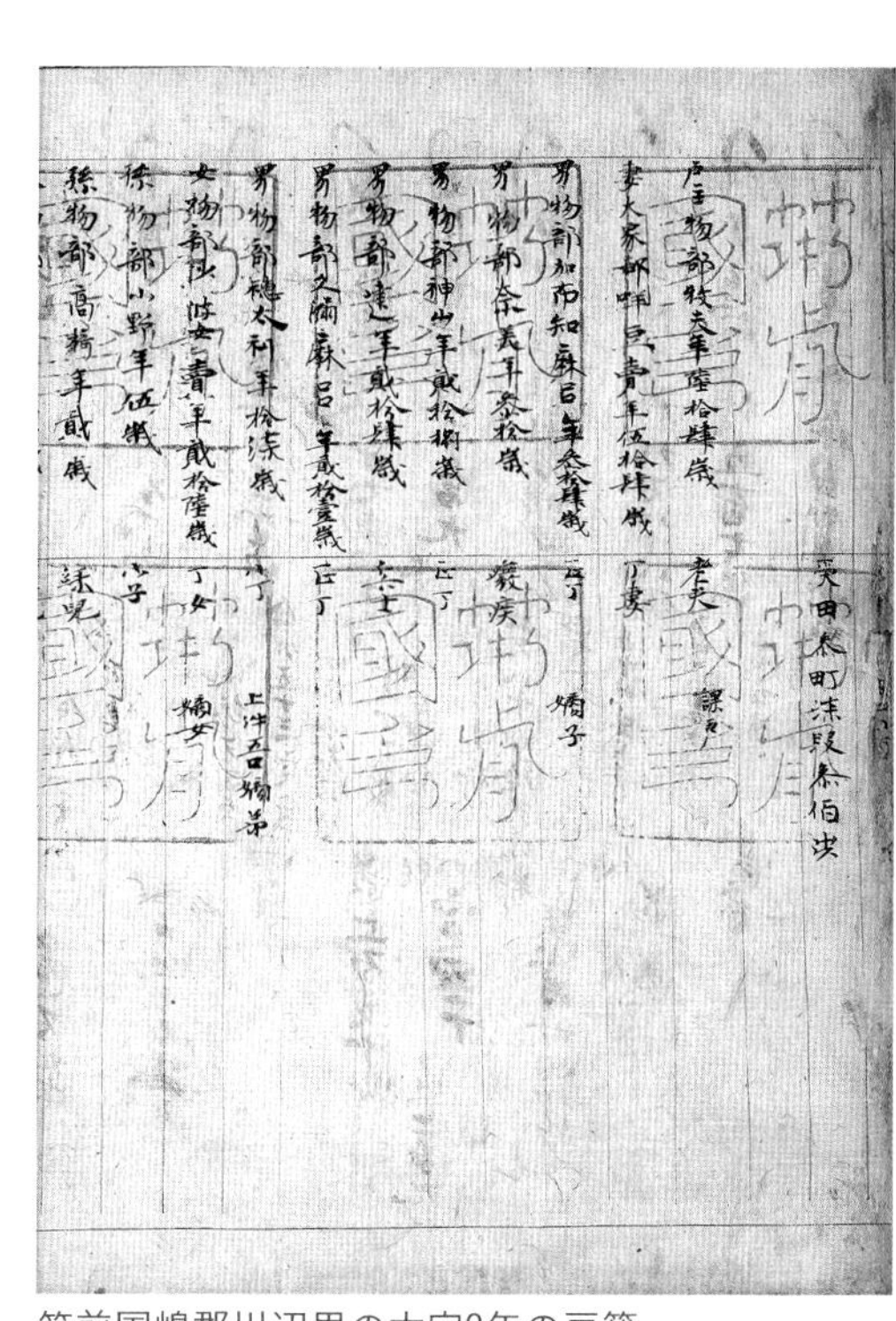

筑前国嶋郡川辺里の大宝2年の戸籍
（正倉院宝庫外文書、奈良国立博物館蔵）

奈良時代ごろまでは、安定した一組の夫婦関係ではなく、男女どちらからでも離別が容易な一時的夫婦関係が基本であった。それでは、安定的な夫婦関係が形成されたのはいつごろであろうか。貴族の正妻の地位がはっきりしてくるのは、平安後期（一一世紀以降）とみられている。

これまでの女性史研究をまとめてみると次のようになる。

九世紀ごろまでは、社会の基礎単位となるような夫婦関係は存在していなかった。「母子＋夫」という、妻と夫の結びつきが弱く、流動的な家族形態が当時の社会全体にみられた。安定した夫婦関係は平安時代を通じて、貴族社会においてしだいに形成されていき、鎌倉時代前期の一三世紀までには上層農民クラスでも実現したことが明らかになった。いいかえれば、八、九世紀には「妻」の地位を前提としない「独立した女性」が社会の幅広い場で活躍していたのである。

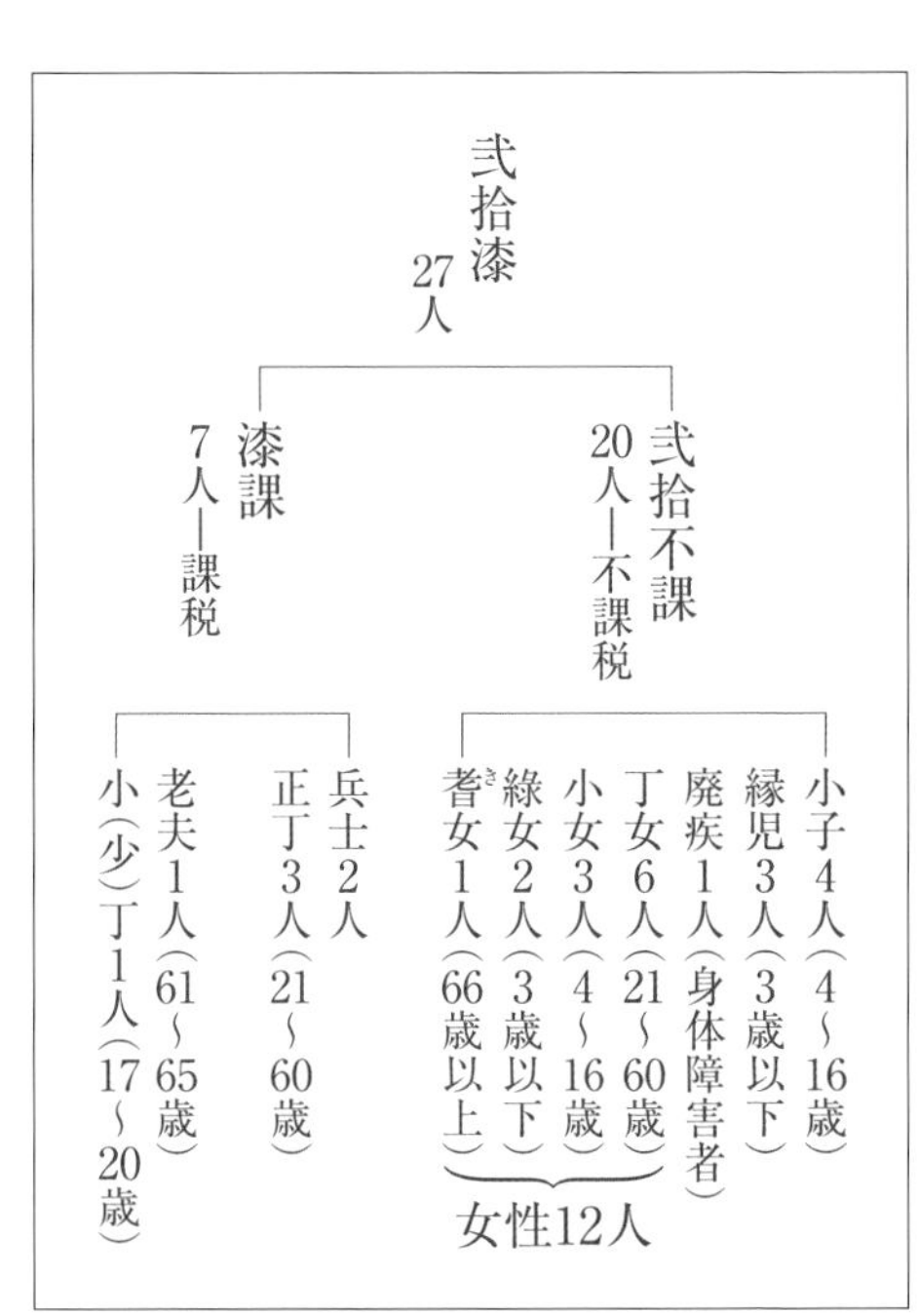

筑前国戸籍の集計表（戸主物部牧夫の戸）

造酒・貸し付け業をしていた女性

ここで先に紹介した讃岐国の田中真人広虫女以外にも仏教説話に登場する「独立した女性」をもう一人あげてみよう。

桜大娘は紀伊国（和歌山県）名草郡桜村の大家の令嬢。名草郡三上村の薬王寺は、寺の稲を貸し出して人びとにコメから酒を造らせ、その酒を利息つきで村人に貸し付け（出挙）、得た利息を寺院運営費用にあてた。酒は古代の地方社会にとって重要な役割を果たしていた。

最もよい例は、石川県河北郡津幡町、加茂遺跡出土の牓示札（古代のお触れ書き）であり、そのお触れ書きには農民の生活を統制するための八ヵ条の命令が書かれている。その一条に「田夫がほしいままに魚酒を飲んだり食べたりしてはならない」とある。当時、地方の有力者は農繁期に、貧しい農民に魚酒を振る舞い田植えを手伝わせ、みずからの水田を経営していた。

三上村の人びとは桜大娘に、造酒と貸し付け

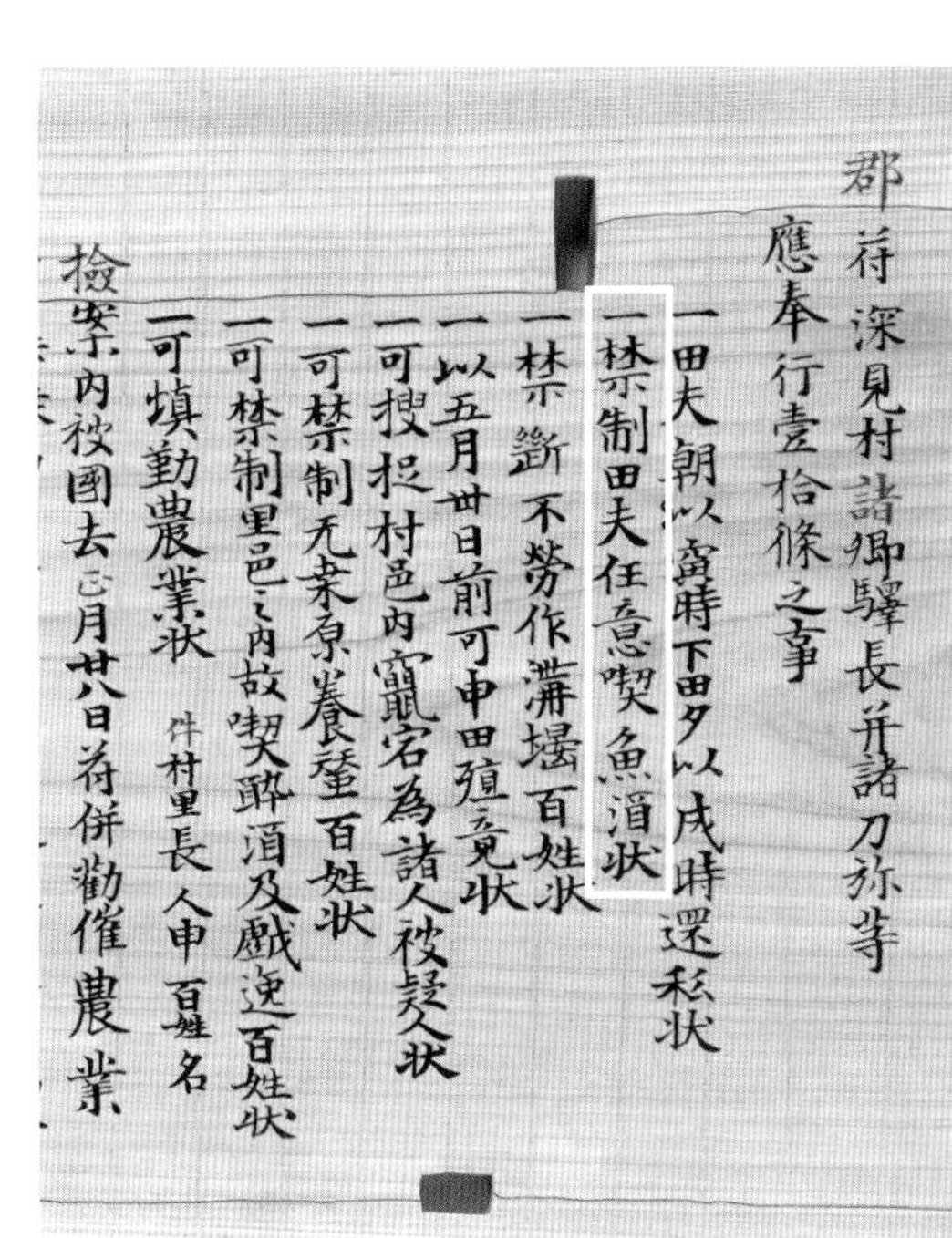
郡符深見村諸郷驛長并諸刀祢等
應奉行壹拾條之事
一田夫朝以寅時下田夕以戌時還私状
一禁制田夫任意喫魚酒状
一禁斷不勞作溝堰百姓状
一以五月卅日前可申田殖竟状
一可捜捉村邑内竄宕為諸人被疑人状
一可禁制无桒原養蚕百姓状
一可禁制里邑之内故喫酔酒及戯逸百姓状
一可填勤農業状　件村里長人申百姓名
檢案内被國去正月廿八日符偁勸催農業

「魚酒」をふるまうことを禁ずる牓示札
（石川県津幡町加茂遺跡出土、復元複製、国立歴史民俗博物館蔵。原資料、石川県埋蔵文化財センター蔵）

業務の一切を委託した。桜大娘から酒を借りて返さないままに死んだ男が、牛に生まれ代わって寺で酷使され、その苦しさを夢の中で桜大娘の兄で村の有力者の石人（いわひと）に訴えるという説話である。讃岐国（さぬきのくに）の広虫女（ひろむしめ）と同様に寺の物を使い、返さないと死後、牛になって酷使される話。桜大娘は「酒を造る家主」と記されている。桜大娘の「家」は、造酒と貸し付け事業の経営拠点であり、彼女自身がその「家」の「家主」とされている。

吉田孝氏（元山梨大学教授）は、「家」という漢字は古代日本語の「イヘ」と「ヤケ」の双方を表記する文字として使われ、「イヘ」は人間関係としての家族、「ヤケ」は経営拠点を意味すると指摘した。「ヤケ」という語は、塀で囲まれた一区画の内部に事務所・倉庫・厩（うまや）・厨房（ちゅうぼう）などの複数の建物で構成される経営拠点とされている。

中央の貴族、地方の豪族の男女はそれぞれ自分の「ヤケ」（経営拠点）を持ち、婚姻によって夫妻が一つの「イヘ」を構成することもあるが、夫と妻それぞれが自分の「ヤケ」の経営をつづけ、離婚すれば別の相手との「イヘ」をつくり直すことになる。ただ庶民は「イヘ」だけで、経営拠点の「ヤケ」などは持っていない。

女性活躍の条件が整っていた古代

女性活躍についてさらにみていくならば、日本の歴史上、一〇代、八人の女性天皇が存在していた。そのうち、古代に目を向けると、六世紀末から八世紀末のおおよそ二〇〇年間に、実に八代六人（二人は重（ちょう）

祚＝天皇の位に二回就いた）の女性天皇が約九〇年間にわたって統治していた。まさに古代においては女性天皇の時代こそ社会全体に女性活躍の条件が整っていたといえよう。

桜大娘も、荒田目条里遺跡の郡符木簡にみえる里刀自、郡の長官の妻広虫女も、造酒、農業経営、豊かな動産を元手に運用するなど、八、九世紀の有力な女性は、夫や家にしばられることなく、独立した社会的立場で十分に活躍できる社会的条件を獲得していたのである。

現在、女性活躍社会、一億総活躍などつぎつぎに政策が打ち出されるが、長い歴史のなかで形成されてきた男女、夫婦、そして家（イヘ）制度などの社会構造と社会通念を抜本的により良い方向に変革しなければ、真の女性活躍社会の実現はきわめてむずかしいといわざるを得ないのではないか。

十代八人の女性天皇

	天皇名	在位
古代	推古天皇	五九三〜六二八年
	皇極天皇	六四二〜六四五年
	斉明天皇	六五五〜六六一年（重祚）
	持統天皇	六八六〜六九七年（称制四年間を含む）
	元明天皇	七〇七〜七一五年
	元正天皇	七一五〜七二四年
	孝謙天皇	七四九〜七五八年
	称徳天皇	七六四〜七七〇年（重祚）
近世	明正天皇	一六二九〜一六四三年
	後桜町天皇	一七六二〜一七七〇年

※「重祚」は一度位を退いた天皇が再び位につくこと。
「称制」は天皇崩御後に即位せず国政を執ること。

自然災害からの復興への歩み

地域の歴史文化を見つめ直す

東日本大震災に直面して

私の研究の原点は東北の地であり、特別史跡多賀城跡（宮城県多賀城市）の発掘調査である。多賀城は古代東北の行政・軍事の中核拠点として、西の大宰府に匹敵する一大地方都市であった。

二〇一〇年は、その多賀城跡発掘調査五〇周年を迎え、種々の記念行事が実施された。九月二十三日、多賀城市文化センターで行われたパネルディスカッション「多賀城に生きた人々」の会場は、一〇〇〇人を超える市民で埋め尽くされた。また十一月十三日は岩手県陸前高田市で開催された「気仙登場一二〇〇年記念講演会・再発見！　古代の気仙」には周辺市町村からも熱心な市民が集い、私は講演で、三陸沿岸の古代の気仙地方が太平洋に面する湾岸の中核として、都への昆布進上と北方世界との交易拠点

空から見た南相馬市泉地区（南相馬市教育委員会提供）
東日本大震災時の津波で沿岸部が壊滅的被害を受けた。

であったことを強調した。

さらに二〇一一年一月三十日には福島県南相馬市で「古代の郡家と地域社会」と題して講演を行った。南相馬市の地は古代には行方郡と称し、古代日本最大の製鉄遺跡（金沢地区製鉄遺跡群）が発見されている。古代国家はこの製鉄コンビナートを起点とし、鉄の武器・武具を製作し、軍事的拠点としていたことを参加者に伝えた。

二〇一〇年から二〇一一年にかけて私は、多賀城・陸前高田・南相馬の市民と、これからの地域振興には、地域固有の豊かな歴史文化を掘り起こし、共有することが何よりも大切だということを理解し合い、新たな街づくりの第一歩をスタートさせようとした、まさに矢先の大震災であった。私自身言葉がなかった。

資料に残されていた一一〇〇年前の地震・津波痕跡

テレビ放映の中で、ある地震学者が、今回の東北地方太平洋沖地震は一一〇〇年前の東北地方を襲った地震・津波以来であると語っていた。

私が宮城県多賀城跡調査研究所に勤務していた一九七〇年代の発掘調査で、その中心施設である政庁跡の八世紀後半の建物が、九世紀半ばに全面的に建て替えられていたことが明らかになった。当時の歴史書『日本三代実録』によると、貞観（じょうがん）十一年（八六九）五月二十六日の記事に次のようにある。

陸奥国境（おそらく三陸沖）で大地震が発生した。人びとは叫び、立っていることができずに、家

空から見た多賀城跡（東北歴史博物館提供）
貞観11年の地震で丘陵上の政庁などの建物が壊れ、津波は砂押川を逆流した。南北大路の路面が大きく削り取られた痕跡や砂の堆積から大きな被害を受けたことがわかる。

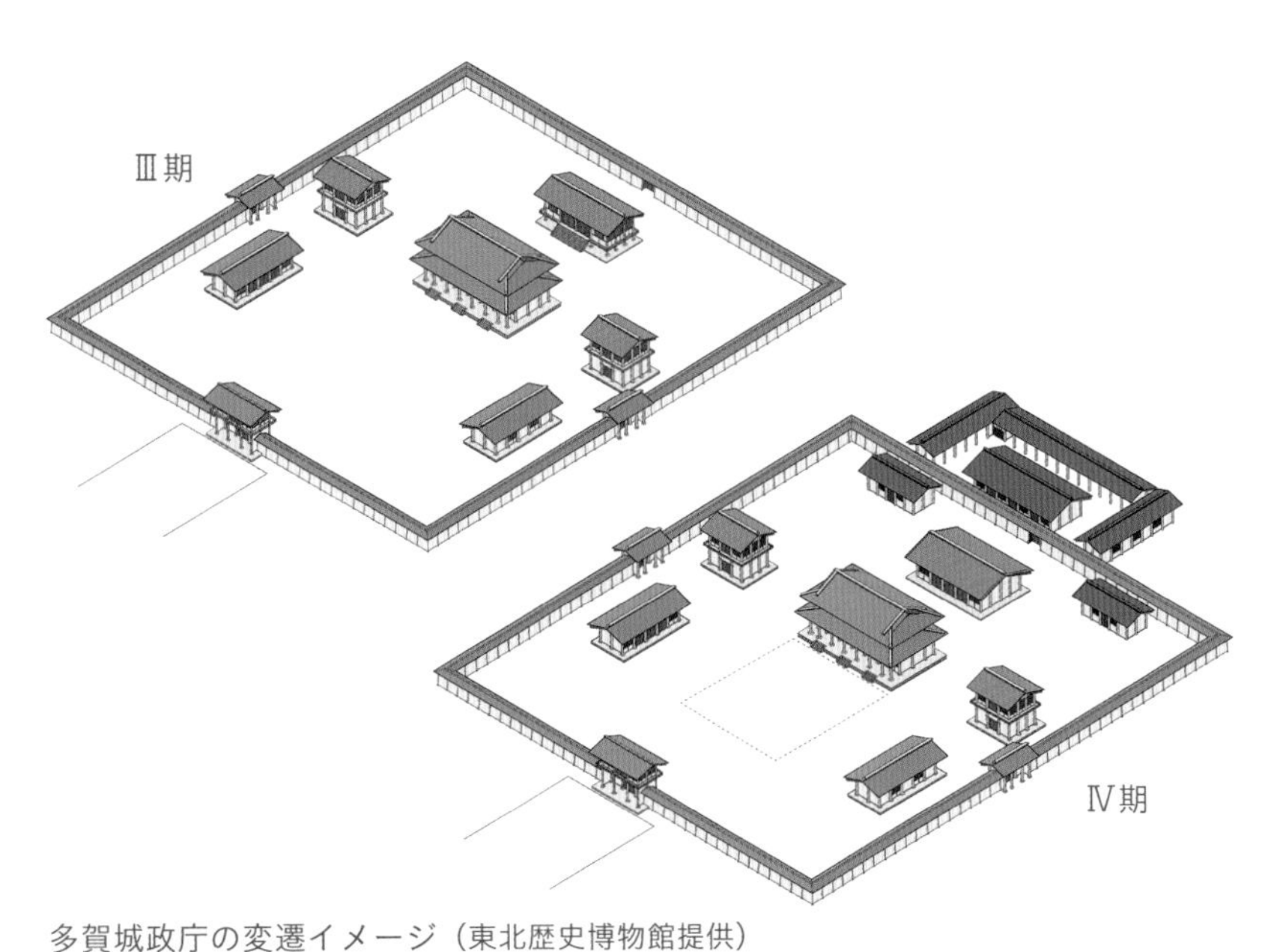

多賀城政庁の変遷イメージ（東北歴史博物館提供）
Ⅲ期政庁は宝亀11年（780）の伊治公呰麻呂の焼き討ち後に再建された。Ⅳ期政庁は貞観11年の陸奥国大地震後に復興された。北側政庁に新たに建物が建てられている。

屋の下敷きになる者や地割れに落ちる者があった。馬牛は驚き走り回り、多数の城郭や倉庫、門櫓（もんやぐら）や墻壁（かきかべ）が崩れ落ちた。海が雷のように鳴り、大きな津波がたちまちに多賀城下にまで押し寄せた。海から数十里（古代の一里＝五三五メートル）離れたところでも、水没して汀（みぎわ）の区別がなくなっており、野や道路はすべて海原となった。船に乗る余裕もなく、山に登っても十分な高さまで登りきれず、溺死者は一〇〇〇人にのぼり、家や田畑はほとんど遺らなかった。

現在の多賀城跡の地点は海岸線から約三キロであり、今回の津波は砂押川（すなおしがわ）をさかのぼったが、途中で堤防が決壊し周辺に浸水して、それ以上さかのぼらなかった。

天変地異の九世紀

九世紀は歴史書によるかぎり古代史上、もっとも天変地異のあいついだ世紀といわれている。全国各地で火山噴火・地震・長雨・旱魃（かんばつ）などがくり返され、疫病（えきびょう）そして飢餓（きが）に見舞われたのである。

富士山も同じころ、八〇〇年六月に噴火した。噴火は三月十四日から四月十八日の約一ヵ月続き、昼は噴煙が空を覆ってあたりを暗くし、夜は火炎が天を明るく照らしだし、噴火は雷のような大きな音を立て、灰が雨のように降り注ぎ、溶岩が流れこんで山下の川を真っ赤に染めたという。一年半後の八〇二年正月にも昼夜噴火が続き、砂礫（されき）があられのように降ったという。八六四年から翌年にかけても富士山は大噴火している。こうしたあいつぐ富士山の噴火は「秀麗な富士」のもう一つの顔、畏敬（いけい）される山としての「霊峰富士」をうみだした。

さらに山梨二〇世紀最大の自然災害は一九〇七年（明治四十）八月、未曽有の大洪水に見舞われたことである。死者二三三名、全壊・流失家屋、約五〇〇〇戸であった。

復興へ向かって

山梨県立博物館は開館にあたり、基本テーマとして「山梨の自然と人のかかわりの歴史を明らかにすること」と定めた。長い歴史のなかで、この山梨の地は、豊かな自然の恵みを受けるとともに、時として自然の脅威に直面したが、人びとは畏敬の念を持ちつつ、たくましく生き抜いてきたのである。

テレビで映された津波の猛威に、人びとの日常がずたずたに引き裂かれるさまは、日本列島そして世界の人びとを震撼させた。しかし東北地方の人びとはもうすでに立ち上がり、復興へ向かおうとしている。それぞれが生まれ育った故郷の地でふたたび営みを開始するであろう。そのエネルギーは、豊かな自然の中で育まれ、時には脅威の自然と立ち向かってきた歴史と文化への強い思いではないだろうか。被災地の一日も早い復興を願い、私自身、東北地方の歴史・文化の研究をさらに進め、人びととの交流をこれまで以上に深めていきたい。

第三部 古代のなりわいと自然

古代肥後国の石碑文化

大地震からの復興を祈って

古代肥後国の国府

二〇一六年四月に熊本を襲った大地震の震源地「益城（ましき）」の地は、その年二月に講演のため訪れ、浄水寺碑群に刻まれた古代の肥後国益城郡の実像を描き、地元市民の方々と交流を深めたばかりであった。

肥後国の行政の中心である国府は、たびたび移転している。最初の国府は、熊本市出水町国府（いずみちょうこくぶ）に想定されている。一九六二年の発掘調査によって、八世紀中ごろに方二町（当時は一町＝一〇七メートル）の築地土塀（ついじどべい）をめぐらした国府の中心・国庁域が確認されたが、九世紀中ごろには洪水によって廃絶したことがわかった。また、その東側を南北に通る想定官道をへだてて国分寺跡がある。この

浄水寺碑群の所在地

地は古代の託麻郡に属する。

この初期の肥後国府は、水陸交通に恵まれた阿蘇火山麓の湧水地に立地している。その湧水地は現在も水前寺成趣園（水前寺公園）として、豊富な阿蘇伏流水が湧出して造られた池を中心にした桃山式回遊庭園で親しまれている。今回の大地震で湧水が一時的に枯渇したが最近、ふたたび湧水が戻りつつあるという。

九世紀に託麻国府が廃された後、国府は、最古の辞書『和名類聚抄』（一〇世紀前半成立）に「益城　万

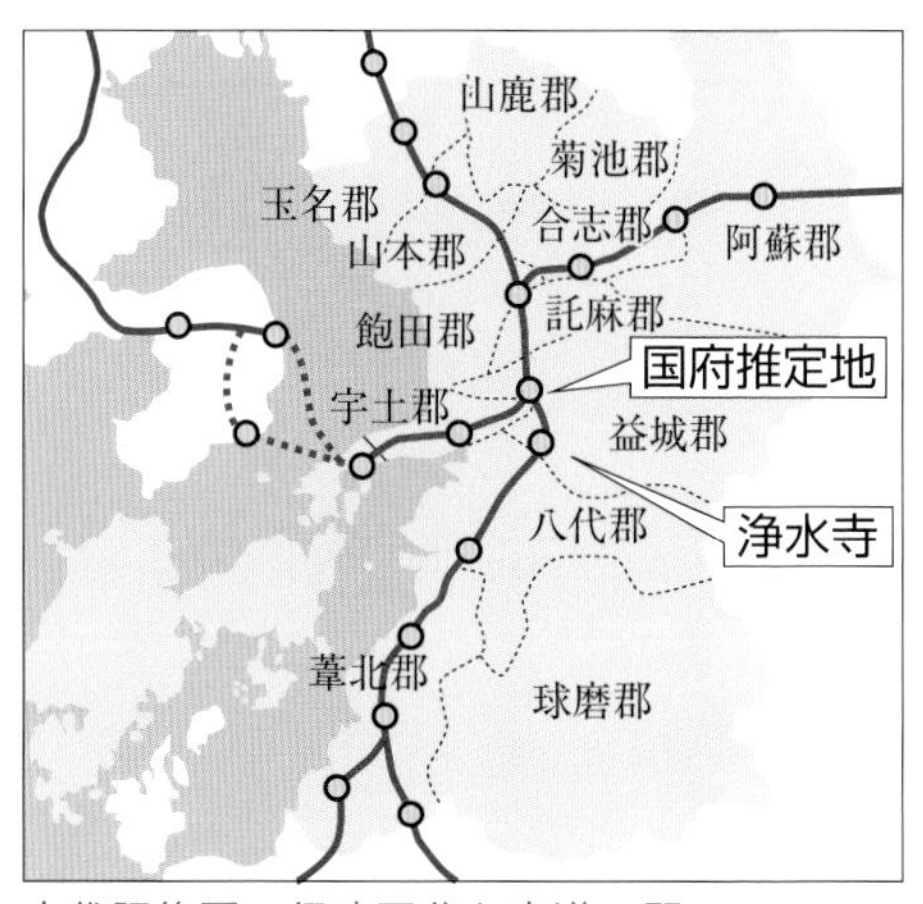

古代肥後国の行政区分と官道・駅
（熊本市立熊本博物館『西海道と肥後国』2011年収載図に加筆）

国立歴史民俗博物館の中庭回廊展示「碑の小径」
写真は浄水寺碑。各地の碑の複製が並んでいる。

志岐国府」と記されていることから、その推定地・旧下益城郡城南町陣内の地（二〇一〇年熊本市と合併、熊本市南区）に移ったとみられる。さらに辞書『色葉字類抄』（一二世紀半ば成立）には飽田郡、現在の熊本市二本木府中に移転したとされている。

国立歴史民俗博物館（歴博）の初代館長・井上光貞氏は、一〇〇〇点以上の石碑や墓誌を集めて展示している中国・陝西省の「西安碑林」にならい、日本古代の現存する碑を全点複製し、歴博の庭に「碑林」として展示したいという構想を抱いていた。その意向をうけて、開館以来、毎年一基ずつ精密な複製品を制作し、一六年の歳月をかけ、現存する一八基中一四基の石碑の複製を完成させた。筆者が六代館長を勤めた二〇〇八年、歴博の中庭の回廊に「碑の小径」として一〇基を展示し、開館以来の念願であった「碑林」構想を実現させた。

熊本の古代石碑・浄水寺碑

益城国府の推定地の南方、現・宇城市豊野町（旧・下益城郡豊野町）に、七九〇〜一〇六四年に建立された石碑（浄水寺碑）が四基あり、二〇一五年九月、国の重要文化財に指定された。その翌年二月二七日、その指定記念シンポジウムが豊野公民館ホールで開催され、私は基調講演を行い、パネルディスカッションにも参加した。

日本列島には古代の碑は一八基現存している。浄水寺碑はそのうち四基を占めていることがまず特筆される。浄水寺は天長五年（八二八）に肥後国で国分寺につぐ寺格を有する「定額寺」とされた寺院である。

浄水寺は、現在礎石のみが遺るだけであるが往時の威容ははっきりと四碑に刻みこまれている。

「浄水寺」という寺名のとおり、寺は阿蘇溶岩台地に建ち、その直下に水前寺公園と同様に阿蘇伏流水が湧き出ている。碑の石材も阿蘇山の噴火でできた凝灰岩である。現在の御影石（花崗岩）の墓石のような場合は表面を光沢がでるくらい研磨して文字を刻むが、凝灰岩の場合は、どこまで削っても気泡があって凹凸が目立ち、彫った文字の字画なのか、自然の凹凸なのか、なかなか区別がつかない。

浄水寺碑群は、一九九〇年代の私たちの調査当時、寺跡とみられる一角にある神社の境内にあり、四基とも野外に立っていた。灯籠竿石をのぞいて三基には天保二年（一八三一）に有志の人びとが保護のために石の笠を被せている。

野外に無防備に四基が立っている状態は保存・防犯上もきわめて危険である。一日も早く、これらの碑の釈文を確定し、調査報告書をまとめ、国の指定を受け、保護措置を施さなければならないという危機感

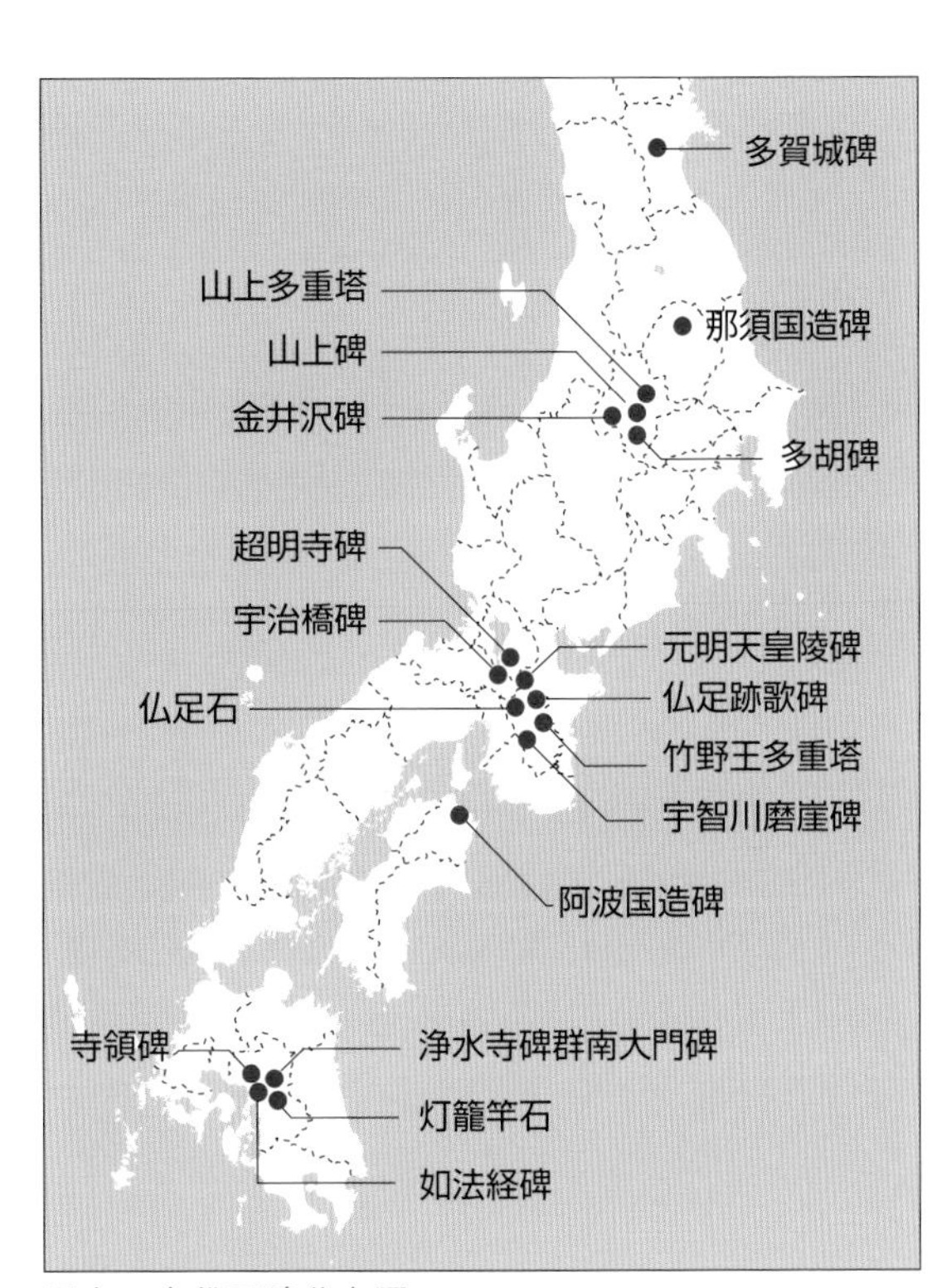

日本の古代石碑分布図

が、私を調査へと駆り立てた。その後、多くの研究者と、宇城市・熊本県、地元民などの一体的な活動により、二〇一五年、国重要文化財に指定され、石碑四基とも収蔵施設に納められ、今回の震災にも大きな被害は免れたと知らされている。

浄水寺碑を読み解く

熊本県宇城市の浄水寺碑群は南大門碑＝延暦九年（七九〇）、灯籠竿石＝延暦二十年（八〇一）、寺領碑＝天長三年（八二六）、如法経碑＝康平七年（一〇六四）の四基である。

南大門碑は、浄水寺を創建した僧・奘善が、中国の有名な玄奘三蔵法師を師と仰ぎ、玄奘の数々の優れた治績を記している。玄奘は七世紀前半、唐より中央アジア経由でインドに向かい多数の経典を唐の都・長安に持ち帰り、その後、膨大な経典を翻訳し、東アジアの仏教界に大きな影響を与えた人物である。その見聞記録が『大唐西域記』であり、明代（一三六八〜一六四四年）に成立した小説『西遊記』では玄奘は三蔵法師として描かれ、孫悟空などが従った。南大門碑の後半部分には奘善が益城郡と宇土郡にまたがる田地と膨大な仏典などの書籍を所有し、これらを守り伝えてゆくべきことが記されている。

浄水寺南大門碑

寺領碑の第3面（部分）
「浄水寺布薩田　私伽藍地成如件」とみえる。

四碑の中で、これまでに読みの最も確定していなかったのは、寺領碑である。私は四度通ってようやく読めたものである。四度目の一九九七年（平成九）二月のある日、この日は一日かけて解読すると決めていた。浄水寺碑の所在する豊野町は熊本県のほぼ中央に位置していて内陸部なので、朝晩の冷えこみが厳しい。寝袋に包まり碑の前に横になって、朝日・日中・そして夕日と、一日中みていると、日の差しこみ具合で、読みづらい碑面の文字が瞬間に読める。冷える朝には地元の方がたき火で温めてくれた。

こうして寺領碑は浄水寺が所有していた領地について記載した珍しい碑であることがわかった。四面体

浄水寺碑群（右・灯籠竿石、中・如法経碑、左・寺領碑）

の碑の一面には序文、二・三面に条里制という古代の農地の区画整理による田地の名称と配置・面積が記されている。碑文にみえる地名のうち、「諫染郷」は、宇土郡の最も東、益城郡寄りの郷名である。浄水寺の領地は、益城郡から宇土郡諫染郷まで及んでいることが「諫染郷」と新たに解読してはじめて判明した。

南大門碑にも、益城郡から宇土郡にまたがる田地があったことが記されており、その田地が寺領碑にも記されていたのである。二〇〇五年に合併した新しい市名の「宇城市」は宇土と益城の密接な歴史的関係に基づく妥当な命名といえよう。

灯籠竿石は、灯籠の竿石（台石の上にあって火袋を支える柱上の石）に文字を記している。奘善の後継者である薬蘭という僧と地域の有力者の真上日乙、肥公馬長の三人で、奘善が建立を願っていた灯籠を建てたということを記している。

古代後半、末法の世となり釈迦の教えを後世に伝え残すために経典を地中に埋めたが、如法経碑は願主（神仏に願う人物）が如法経という特定の作法で写経した妙法蓮華経をこの地に埋めたことを記している。

熊本の復興を願って

火山として阿蘇山がもたらした雄大な山麓と、「水の国」とまでよばれた豊かな湧き水が市民の生活を潤し、また火山灰の土壌は全国有数の農業県として、スイカやトマトなどの農産物を各地に出荷している。有明・島原・不知火湾そして天草沿岸ではクルマエビ、ノリなど海産物にも恵まれている。

雄大な自然と熊本城、その城下町の落ち着きのあるゆったり感に魅せられ、私の大好きな地の一つである。こうした熊本の豊かな自然と平穏な日常生活が、大地震と土石流などによって恐ろしいほどに破壊されてしまった。

二〇一六年二月の講演の折、浄水寺碑の描く世界、益城地方の生き生きとした展開に目を輝かせて聞いてくださった宇城市や熊本県内各地から参加された方々はもちろんのこと、今回の震災で被害を受けたすべての地域が一日も早く復興され、この地の豊かな歴史・文化を誇らしく語り合える日がくること、その輪にまた私も加われますことを願っています。

終　章

地域の歴史を見つめ直す
甲斐国の歴史文化にみる自然と人間の調和

東国の国名とヤマト朝廷

二〇〇五年十月に山梨県立博物館がオープンし、県民の皆さまへの館長からのご挨拶として、二〇〇六年一月十二日の『山梨日日新聞』文化欄に「『甲斐』国名の原義について」という一文を載せた。古代の国名は、古代国家が「国」「評(こおり)(郡)」「五十戸(さと)(里・郷)」という行政区画として設定したものである。したがって国名は、日本列島におけるヤマト朝廷と各地域の支配関係を十分に反映して決定されたものであろう。

ただ、列島全体をみると、西の諸国と東(近江以東)の諸国では大きな違いがある。西国の国名は「出雲国出雲郡」「薩摩国薩摩郡」などのように、国名と同じ郡名を持つ例が多い。これに対して東国の場合は駿河国駿河郡の一例のみである。

西国は東国に比べて早い段階からそれぞれの地域が自立的地域支配を確立し、一時期はヤマトと拮抗する勢力さえ存在したが、ヤマト朝廷による全国支配の確立にともない、出雲(いずも)、吉備(きび)などの有力な地域勢力の名称がそのまま国名として命名された。

一方、東国はヤマト朝廷に新しく支配された地域であり、朝廷側からの視点で命名されたのであろう。例を挙げると、近江（おうみ）は都に近い琵琶湖を「近（ちか）つ淡海（あわうみ）」、遠江（とおとうみ）は都から遠い浜名湖を「遠（とお）つ淡海」と称したことに由来する国名である。そこに住む人にとっては「近い」「遠い」という意識などはなく、あくまでもヤマト朝廷の側からみてこその遠近感であろう。

また、武蔵（むさし）国は隣接六国（相模（さがみ）、下総（しもうさ）、甲斐（かい）、信濃（しなの）、上野（こうずけ）、常陸（ひたち））と境が差し向かい合っていることから「六差（むさ）」が語源であるとする『武蔵志料』や、「さし」とは道路のことで、この国は諸州の人が通る街道であるから「六さし」とする『温古随筆』などの近世の解釈がある。

武蔵国は当初、東山道に属したが、宝亀（ほうき）二年（七七一）に東海道に編入され、両道に深くかかわる大国である。武蔵国はヤマト朝廷による東国支配のなかで、東海道と東山道をつなぐ役割を課されたことに基づく国名なのではないか。

甲斐の国名の由来

それでは、甲斐国の国名はどうであろうか。甲斐国の「甲斐（カヒ）」語源については、近世以来、山と山の狭間を意味する「峡＝賀比、可比」であるというのが通説であった。しかし、国語学者の西宮一民氏は新しい解釈として「甲斐＝交（か）ひ」説を提示し、他界と現世の「交ひ」の国とした。しかし、この説明では、行政的視点から国名が命名されたことにはならない。

『古事記』『日本書紀』のヤマトタケル東征伝承は、ヤマト朝廷の東国支配の過程を物語っている。両書に共通するのは、ヤマトタケルが東海道からわざわざ甲斐国の酒折宮（さかおりのみや）に立ち寄って東山道に向かい、最終地の尾張国（愛知県）に戻るという伝承である。

東海、東山両道の結節点が、酒折宮（坂折宮）であり、武蔵国と同様に東国支配における重要な結節の役割こそが、「交ひ」つまり甲斐国の原義であろう。

朝廷は、大宝四年（七〇四）に諸国の国印をいっせいに作成するにあたり、正方形の印面を「〇〇国印」と四文字構成にするため、国名はすべて二文字で表記することとした。しかもその文字は「三野」「御野」を「美濃」とするなど、よい意味のもの（吉祥語）を選んで使用した。「交ひ」の国名も、この時はじめて「甲斐」の二文字を当てたのであろう。「甲」は干支（かんし）の十干の第一、もっとも優れた物事を意味し、「斐」は美しく盛んなさまであり、ともにめでたい文字である。

県立博物館の基本テーマの一つが「交流」である。積極的な交流こそが山梨県の二一世紀における地域振興の活力源となるであろう。

甲斐国印（正倉院文書をもとに復元製作。山梨県立博物館蔵）
大宝4年に作られ、公文書などに捺された。
大きさは2寸（約6㌢）四方と定められた。

つぎに、甲斐国の原像の要素をいくつか挙げてみたい。

貢馬の国

「古代史の窓」は二〇〇九年七月一・二日、「甲斐の国は貢馬の国」（上・下）でスタートした。

朝廷は直轄する牧場（御牧）を甲斐・武蔵・信濃・上野の四ヵ国に設置した。甲斐国は国の規模「郡数」の比較からすると、進上する馬の数が圧倒的に多いことも「貢馬の国」と呼ぶにふさわしい。八世紀前半の甲斐国の国守（長官）には、馬に関係の深い渡来系氏族「田辺史 広足」「馬史 比奈麻呂」などがあいついで赴任し、馬を安定して生産する体制が整備されたのであろう。

ここで注意しなければならないのは、甲斐国は「貢馬の国」としたが、ただ朝廷に馬を進上するだけではなかった。六七二年、天智天皇の皇位継承をめぐって起きた古代史上最大の内乱が「壬申の乱」であるが、その時、敵将を追走したのが「甲斐の勇者」といわれている弓矢に長じた騎馬兵であった。

古代社会において馬と船は水陸交通と軍事両面からきわめて貴重なものであり、各地の豪族たちは馬、船の私有につとめた。甲斐国内の有力者も私営の牧で良馬を育て、騎馬の技を会得したのであろう。甲斐国に課せられた貢馬が、やがて武田氏の強力な騎馬軍団につながり、また、東海道と東山道を結節する道路網の整備は、武田氏の縦横無尽の活動を容易にしたともいえる。さらに近代以降、甲州財閥の雨宮敬次郎、根津嘉一郎、小林一三などが全国各地で鉄道敷設に貢献したことも「交ひ」という歴史が成せる技、とみてはいかがであろうか。

甲斐路の発見

二〇一三年、河口湖岸を走る古代の官道（甲斐路）が初めて発見された。富士河口湖町教育委員会の道路建設の事前発掘調査（鯉ノ水遺跡）によって、東西幅三・七メートルの道路の硬化面が検出された。検出された道路幅は未発掘部分を含めると約六メートルと推定できる。

東海道の本線道路は一九九四年に静岡市曲金北遺跡で発掘され、幅約一二メートルの直線道路が延長三五〇メートルにわたって検出されている。東海道の支線である甲斐路は、本線幅一二メートルの半分の六メートルと想定される。さらに、甲斐の国府へ向かう官道と駅家を確実に追跡することも可能となった。甲斐路の発見は、古代甲斐国「交ひ」の扉を開く画期的な発見である。

道祖神信仰

山梨県立博物館は開館した二〇〇五年十月、開館記念の企画展として「やまなしの道祖神祭り」を開催した。通常、博物館の開館記念展では、国宝・重要文化財などを披露することが多いが、当博物

古代の鯉ノ水遺跡周辺の景観イメージ
（富士河口湖町教育委員会提供）

館では、あえて県内各地で盛んに行われる道祖神祭りという民俗行事を展示した。本来なら一月十四日に飾るオヤマカザリ、オカリヤ、オコヤなどの神木や小屋を当館の展示のため、各地域の方々に十月十五日の開館に向けて制作していただいた。

この道祖神信仰はいつごろ、どのように生まれたのであろうか。その祖型を物語る資料が、現在の韓国・忠清南道扶余郡に所在する百済の王都にあった陵山里寺跡から出土した六世紀半ばの長さ二二センチの陽物（男性器を表現したもの）形の木製品である。その陽物に「道の縁に立てる」と文字が墨書され、王宮の東門を出た道の端に立てられていたと推定される。百済から日本に伝えられた道祖神は、七世紀半ば以降の都城祭祀として、京内に邪悪なものの侵入を防ぐ目的で陽物形木製品などを用いて厳粛に実施された。

そののち、村の自治が本格的に確立される中世から近世に入って、村落に邪悪なものが侵入するのを村境で防ぐ道祖神祭りとして確立したとみられる。さらに村落にお

韓国・扶余の陵山里寺跡出土の陽物形木簡
（韓国国立扶余博物館蔵）

陽物を表現する道祖神祭り
（山梨市牧丘町牧平のオカリヤ、染谷學氏撮影、山梨県立博物館『どうそじん・ワンダーランドAGAIN—やまなしの道祖神祭り—』2013年より）

ける境界祭祀に加えて、豊作祈願、縁結び信仰などが近世以降加えられ、それにともない、祭りの場も村境から村の中心部のチマタに移っていった。

山梨県は閉鎖的と考えられがちであるが、四方を山に囲まれた地だからこそ他地域との交流を求めた。しかし、外との交流は、邪悪なものの侵入も伴うことから、それを防ぐため道祖神祭りが盛んに行われた。

浅間神社と富士山噴火

一九七九年、新たな大伴氏（おおともし）の系譜が、東八代郡（現笛吹市）一宮町の浅間（あさま）神社の宮司家・古屋（ふるや）氏に所蔵されていることが初めて世に公開された。この系譜は「古屋家家譜（ふるやけかふ）」とよばれ、いくつかの新史料を含むすぐれた古系譜である。

大伴氏は古くから甲斐国の土着豪族である。しかし、中央の大伴氏の本系同族とはいえないので、八世紀代以前にさかのぼる名族大伴氏の本系図を入手したと考えられる。「古屋家家譜」は、甲斐国の九世紀以降の伴氏（八二三年、大伴から伴に改姓）の系譜に、それ以前の大伴系の本系図をもってきて載せた系譜であり、大伴氏の貴重な本系図を手に入れることができたことを示している。

こうした傾向は、系図資料の特性でもあるが、『山梨県史』資料編3（二〇〇一年）に系図のみ収載されたが、本文編では全く言及されなかった。私たちは地域に遺された資料を、地域史の視点から新たに検討することにより、古代史の新たな展開を試みなければならない。

一方、歴史書『日本三代実録』に富士山最大の噴火とされる貞観（じょうがん）六年（八六四）の大噴火に関する貴重な記録が伝えられている。同年六月に富士山の北西斜面が大噴火し、甚大な被害をもたらした。貞観七年（八六五）、甲斐国八代郡擬大領・伴直真貞に浅間明神が乗り移り、託宣（神のおつげ）を下し、同郡に浅間神社を創祀したと記されている。浅間神社が建てられた十一日後、十二月二十日、甲斐国に対して、山梨郡にも浅間明神を祀ることが命じられている。山梨郡に新たに設置された浅間明神こそ一宮浅間神社とみてよい。

多民族・多文化共生社会

古代の甲斐国の歴史文化は中国・朝鮮半島との交流の中で基盤形成されてきた。五世紀以降、甲斐国の豪族たちは、朝鮮半島から技術者を受け入れて、馬の飼育や鉄器、須恵器、瓦、絹織物などの生産を推し進めた。

特に甲斐国四郡のうち巨麻郡のおこりは、高麻＝高麗（高句麗）とみられている。七一六年にその巨麻郡の高麗人と、駿河、相模、上総、下総、常陸、下野の高麗人計一七九九人を武蔵国に移して高麗郡が新たに設置された。

さらに、列島内においても、古代国家から異民族とされた東北地方の蝦夷（実際は異文化集団を核とする人びと）が国家に服属すると俘囚とよばれ、強制的に各地に移住させられた。その俘囚の食料、

俘囚料稲の設置国（東海道）

国名	俘囚料稲（束）
常陸（大国）	100,000
下総（大国）	20,000
上総（大国）	25,000
武蔵（大国）	30,000
相模（上国）	28,600
甲斐（上国）	50,000
駿河（上国）	200
遠江（上国）	26,800
伊勢（大国）	1,000

衣服などの財源に充てるために各国で、俘囚料稲（俘囚を養うための稲）の出挙が実施された。出挙とは、春と夏、農民に稲を貸し付け、秋に利息をつけて回収する制度である。三五国に俘囚料稲が設置されたが、東海道に属する九国をみると、東北地方（陸奥国）に隣接する常陸国が一〇万束とけた外れに多量だが、駿河国がわずか二〇〇束、相模国が二万八六〇〇束であるのに対して、甲斐国は五万束と、二番目に多くの稲を農民に貸し付けている。

甲斐国は地元の人、朝鮮半島からの渡来人、東北地方から移住させられた人びとなどからなる多民族・多文化共生の社会の中で、物心両面の豊かさが形成されていったのではないか。

富士山をはじめ、数多くの霊山と向き合う文化の中で、「自然と人間の調和」という、現在そして未来の山梨県の最も大切な思想が形成されてきたことを知っていただけたのではないだろうか。

韮崎市宮ノ前遺跡より出土した「狄（てき）」と記された土器（韮崎市民俗資料館蔵）
「狄」は中華思想に基づく北の蝦夷。

あとがき

本書（第一巻〜第三巻）を著作しようと思ったのは、「はじめに」で明記したように、新しい地域史の叙述の試みを山梨県（甲斐国）で実践し、これをケーススタディ（事例研究）として、日本列島における各地域から日本の歴史像を見直し、新しい歴史・文化像を構築できないか、との考えからであった。

第一巻『地域に生きる人びと』では、古代の国家と地域支配のしくみ、その地域社会の実態はどうだったのかを問う。

第二巻『文字文化のひろがり』は、地中から甦った文字資料や、古代以来伝世された石碑・正倉院文書などからの文字の権威、現代にも残る祈り・まじないの原像、仮名成立なども含め、これらの文字資料により古代社会をみる。

第三巻『交通・情報となりわい』では、列島各地を走る水陸の道、駅や津は人びとや物資が行き交う拠点であったということ。物資運搬や軍事に重要な役割を果たした馬や自然環境と生業を通して、多民族・多文化共生の豊かな古代社会を描いてみた。

新たな古代の地域社会像を描くためには、従来十分な検証がなされず歴史資料として活用されなかった地域資料の新たな掘り起こしも必要である。膨大な出土資料だけでなく、本書でとりあげた「古屋家家譜」は大伴氏の本系図を含んでおり、甲斐国にとどまらず、古代東北さらには紀伊国への展開をものがたる貴重な資料である。巨麻郡の式内社「宇波刀神社」の石鳥居（一四世紀ごろの造立）に追刻された「貞観六年」銘は歴史史料上、最大規模の富士山が噴火した年紀「貞観六年」（八六四年）が、少なくとも一四世紀以降、記録・記憶されていたことを示す。さらには岩手県陸前高田市の「武日長者伝説」など、十分な検証を加えることによって、これらの資料が、「正史」とされる『日本書紀』『続日本紀』などとは異なる歴史を描きうることを意図的に試みてみた。

全三巻において、甲斐国という一国からの視点に基づいて古代社会・古代国家像の新たな面を描けないだろうか。次にその典型例を示しておきたい。

［国名の由来］

都府県の旧国名の由来は、近世以来の地誌をはじめ現在に至るまで、それぞれ国別に考察されているにすぎない。古代の国名は、古代国家が「国（くに）」「評（こおり）（郡）」「五十戸（さと）（里・郷）」という行政区画として設定したものである。したがって国名は、日本列島におけるヤマト朝廷と各地域の支配関係を十分に反映して決定されたものであろう。

列島全体をみると、国名決定の原理には西の諸国と東の諸国で大きな違いがある。西国の国名は「出雲国出雲郡」のように、国名と同じ郡名をもつ例が多い。西国は東国に比べて、早い段階からそれぞれの地域が自立的に地域支配を確立し、一時期はヤマトと拮抗する勢力さえ存在した。しかし、ヤマト朝廷による全国的支配に伴い、それぞれの国の成立に際しては、出雲・吉備などの地域勢力の名称がそのまま国名として命名された。

一方、東国はヤマト朝廷に新しく服属した地域であるため、朝廷は現地の豪族を国造（くにのみやつこ）に任命し、勢力基盤とした。そのために東国の国名は西国とは異なり、ヤマト朝廷側からの視点で命名されたのであろう。その典型が、「近江（おうみ）」は都に近い琵琶湖を「近つ淡海」と称したことに由来する国名であり、これに対し、

「遠江（とおとうみ）」は都から遠い浜名湖を「遠つ淡海」と称したことによる。実際にそこに住む人にとっては「近い」「遠い」という意識などありえない。あくまでもヤマト朝廷の立場からみてこその遠近感であろう。

それでは、甲斐国の国名はどうであろうか。甲斐国の「甲斐（カヒ）」語源については、近世以来、山と山の狭間を意味する「峡＝賀比、可比」であるというのが通説であった。しかし、国語学の立場から新しい解釈として「甲斐＝交ひ」説が提示され、他界と現世の「交ひ」の国とした。しかし、この説明では、行政的視点から国名が命名されたことにはならない。むしろ東国支配の重要な東海・東山両道の結節点の役割こそが、「交ひ」すなわち甲斐国の原義であろう。

甲斐国からの視点が、古代日本の国名決定の原理を見出すことのできた典型といえよう。

［七道を結節する国］

東国において甲斐国が「東海道と東山道の結節の国」「貢馬の国」とみると、飛驒国が「東山道と北陸道の結節の国」「匠丁（しょうてい）（木工）の国」、一方、西国の官道のうち「山陽道と山陰道の結節の国」が美作国であり、ヤマト政権の吉備・出雲に対する拠点的役割を担ったとされる。三国はいずれもそれぞれの地域においては比較的小さな国ながら、きわめて重要な役割を負っていたといえよう。

［東山道の特性］

近江国から東山道沿いは渡来人と俘囚の移配に伴い山麓などの広大な土地の開発が行われ、その地が馬の飼育をはじめ、馬具などの鉄器・瓦・須恵器・養蚕による絹織物などの生産地となり、古代国家の財政・軍事の基盤となった。ここでも甲斐国は正式な広域行政区としては東海道に属したが、東山道圏的側面が十分に発揮され、特に地方豪族はこれらの条件を生かし、財政・軍事などの強化を図り、中世へと引き継いでいったのではないか。

本書の刊行意図をご理解いただき、列島各地域から新たな試みが実践されることを待ち望みたい。

二〇一九年十二月

平川　南

主な参考文献

『萬葉集』全四巻（新編日本古典文学全集6〜9、校訂・訳者　小島憲之・木下正俊・東野治之）小学館、一九九四〜九六年
狩野　久・木下正史『飛鳥藤原の都』（古代日本を発掘する1）岩波書店、一九八五年（※古代の水時計・漏刻）
熊本県豊野町教育委員会『肥後国浄水寺古碑群』二〇〇四年
黒坂周平『東山道の実証的研究』吉川弘文館、一九九二年
国立歴史民俗博物館『日本古代印の基礎的研究』（国立歴史民俗博物館研究報告第七九集）一九九九年
国立歴史民俗博物館『歴博』二一二号（特集 日本列島の先史・古代―総合展示第1室リニューアル―）二〇一九年一月
シンポジウム「古代国家とのろし」宇都宮市実行委員会・平川　南・鈴木靖民編『烽（とぶひ）の道』青木書店、一九九七年（八巻與志夫「甲斐・武田の「のろし」」所収）
平野　修「考古学からみた古代地域社会における「市」―山梨県甲府市大坪遺跡から何が読み取れるか―」『古代の交易と道　研究報告書』（山梨県立博物館調査・研究報告2）二〇〇八年
安田初雄「古代における日本の放牧に関する歴史地理的考察」『馬の文化叢書　第二巻　古代―馬と日本史1―』馬事文化財団、一九九五年
吉田　孝『律令国家と古代の社会』岩波書店、一九八三年

＊本書は右記の文献以外にも多くの先行研究の成果に依っているが、主な関係文献に限り掲載した。

第二部　馬と渡来人

貴重な財産であった古代の馬—厳重な管理下の馬と運搬集団—
（2011年6月30日・7月1日）

馬の戸籍の発見—公私と軍事のための帳簿—（2014年2月26・27日）

馬の牧と渡来系氏族—馬飼いの技術と牧場の条件—（2014年11月27・28日）

馬を進上した甲斐国—広域行政の要所と渡来系氏族—（2009年7月1・2日）

神馬・甲斐の黒駒—ヤマトの王が認めた名馬—（2011年7月29・30日）

渡来人と馬の飼育—「甲斐の黒駒」を育てた栗原・等力の地—（2009年8月6・7日）

馬に乗り、弓を射る甲斐の勇者—壬申の乱で活躍したのは誰か—
（2014年6月26・27日）

第三部　古代のなりわいと自然

稲の品種と農業技術—管理された稲作—（2010年7月30・31日）

雑穀と米—韓国から出土した木簡と穀物栽培—（2011年10月28・29日）

古代の塩の道—土器が語る生産と流通—（2010年6月30日・7月1日）

甲斐国の特産品—伝統工芸の原点—（2009年12月12日）

働く古代の人びと—布をめぐる労働の実態—（2010年10月30日・11月2日）

高度な古代の技術—印の鋳造と紙継ぎの糊—（2016年1月27〜29日）

古代の女性有力者—農業経営と蓄財の手腕—（2016年6月29・30日）

古代の女性と家—独立した女性の活躍—（2016年7月27・28日）

自然災害からの復興への歩み—地域の歴史文化を見つめ直す—（2011年3月26日）

古代肥後国の石碑文化—大地震からの復興を祈って—（2016年5月25・26日）

終　章

地域の歴史を見つめ直す—甲斐国の歴史文化にみる自然と人間の調和—
（2018年3月29〜31日）

初出一覧

本書は、『山梨日日新聞』文化欄の連載「古代史の窓」(2009年7月〜2018年3月。全187回)をもとに、原題、構成等を改め再編集したものである。以下、括弧内に掲載日を記した。

第一部　古代の交通・情報伝達

「風土記」の原風景—自然環境と人びとの調和—(2014年1月23・24日)
暦のしくみと日常生活—干支と吉凶—(2013年10月31日・11月1日)
時を計り、記す—水時計と合図の鐘—(2013年12月5・6日)
水上交通がささえた交易—水陸を結んだ「津」の繁栄—(2010年1月28日)
高速情報伝達「のろし」の威力—工夫されたルート—(2011年2月26日・3月1日)
駅の役割—行き交う人と神—(2011年4月29・30日)
都と甲斐を結ぶ道—駅の位置はどこか—(2010年1月27日)
古代のパスポート—明らかになった都から甲斐へのルート—(2009年9月23日)
発見された東海道の支線「甲斐路」—古代の峠「坂」と道路跡—(2013年9月26日)
東海道・東山道を結ぶ甲斐国—西大寺出土木簡にみる国名表記—
(2010年5月28・29日)
ヤマトタケル伝承と酒折宮—生産・祭祀・軍事の要衝—(2013年1月30日〜2月1日)
気仙地方と大伴武日伝承—豊かな資源と北方交易の拠点—(2014年4月30日・5月1日)

著者略歴

一九四三年　山梨県に生まれる
一九六五年　山梨大学学芸学部卒業
一九九〇年　文学博士（東京大学）
国立歴史民俗博物館館長、山梨県立博物館館長を経て、
現在、人間文化研究機構 機構長、国立歴史民俗博物館名誉教授、山梨県立博物館名誉館長

〔主要著書〕
『漆紙文書の研究』（一九八九年、吉川弘文館）
『墨書土器の研究』（二〇〇〇年、吉川弘文館）
『古代地方木簡の研究』（二〇〇三年、吉川弘文館）
『全集　日本の歴史2　日本の原像』（二〇〇八年、小学館）
『東北「海道」の古代史』（二〇一二年、岩波書店）
『律令国郡里制の実像』上・下（二〇一四年、吉川弘文館）

新しい古代史へ3
交通・情報となりわい
甲斐がつないだ道と馬

二〇二〇年（令和二）二月十日　第一刷発行

著　者　平川　南（ひらかわ　みなみ）
発行者　吉川道郎
発行所　株式会社　吉川弘文館
郵便番号一一三―〇〇三三
東京都文京区本郷七丁目二番八号
電話〇三―三八一三―九一五一〈代〉
振替口座〇〇一〇〇―五―二四四
http://www.yoshikawa-k.co.jp/

印刷・製本・装幀＝藤原印刷株式会社

Minami Hirakawa 2020. Printed in Japan
ISBN978-4-642-06844-4

新しい古代史へ

平川 南

HIRAKAWA Minami

全3巻

A5判／各2500円(税別)

文字は何を語るのか？
今に生きつづける列島の古代文化

古代の人びとはそれぞれの地域でいかに生きていたのか。
さまざまな文字資料からその実像に迫る。
新発見のトピックを織り交ぜ、古代の東国、特に甲斐国を舞台に分かりやすく解説。
地域から古代を考える新しい試み。

① 地域に生きる人びと
―甲斐国と古代国家

地域社会の支配拠点であった国府、税の徴収などの地方行政、氏族と渡来人の活動の実態――。古代の国家と地域の社会はいかなる関係にあったのか。甲斐国を舞台に全国各地の事例も含め、地域から古代を考える新しい試み。

② 文字文化のひろがり
―東国・甲斐からよむ

木簡、漆紙文書、墨書・刻書土器や碑文のさまざまな文字。戸籍などの公文書にみる文字の権威や、現代にも残る祈り・まじないの原像、仮名成立を解く新たな発見など、地中から甦った文字資料が豊かな古代社会を語る。

③ 交通・情報となりわい
―甲斐がつないだ道と馬

列島各地に網羅された水陸の道。要所に置かれた駅や津は、人びとや物資が行き交う交通の拠点であった。物資運搬や軍事に重要な役割を果たした馬や自然環境と生業を通して、多民族・多文化共生の豊かな古代社会を描く。

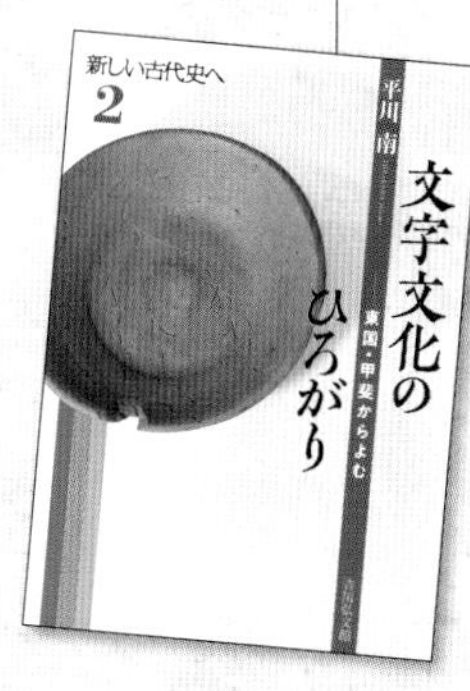